自分史上最高に美人になる
メイク術

スト

パーソナルカラーで本当に似合う色がわかる

PHP

Prologue はじめに

私は東京・表参道で20年以上、似合う色を見つけるパーソナルカラー診断とメイクレッスンのサロンを主宰しています。

パーソナルカラーって何？　とパーソナルカラーがまだほとんどの人に知られていない時期からスタートして、現在に至るまで、パーソナルカラー診断をさせていただいた人の数は既に9000名以上を数えます。

そのなかで私はいろいろな女性にお会いしました。みなさん肌や瞳の色、髪の色も違いますし、持っている雰囲気もさまざまですが、それぞれチャーミングでとても素敵な魅力をお持ちです。

ところが、カウンセリングしてみると、ほとんどの方が自分のいい所は見つけられず、女優さんやタレントさん、またはきれいな友人と比べてしまって、その人みたいになりたいと願っているようです。

例えば、その人が使っているものと同じメイク用品を使ってみたり、その人が身につけているお洋服を真似してみたり。でも結局、似合わなくて使わなくなってしまう物も多いはず。それでは無駄ですし、自分らしさを失ってしまってもったいないです。

私は「美しさ」とは人と比較するものでも、クジャクのように飾りたてるものでもなく、自分の魅力を最大限に引き出すことだと思っています。例えば普段、軽くメイクをし、シャツをさらっと羽織っただけで、顔色がよく見えて、自分らしさが人に伝わり、会った人の印象にちゃんと残ることが大事ではないでしょうか。

また、美しさは人によって基準が違うので、無理に誰かを真似る必要も比較する必要もありません。自分らしく、それでいて自分をきれいだと思えたら楽しいですよね。

実は「自分らしく」って案外難しいもの。なぜなら自分自身が一番自分のことをわかっていないのですから。

でも、自分のことが簡単に、客観的にわかる方法があります。それがパーソナルカラー診断なのです。人を肌や瞳の色から似合う4つの色のグループに分け、その人がそのうちのどれに属するのかを見つけ出すことがパーソナルカラーの基本です。自分らしさがどういったものかわからない、という方はパーソナルカラーの中の色みやイメージに合わせると、無理なく好感度が上がります。

さらに、私がパーソナルカラーで重要だと思っているのが、メイクの色選びです。お洋服の色選びも大切ですが、肌や髪に近く、そのものを演出するメイクの色味はもっと大切。サロンに来る方も「似合うコスメ」を知りたいという方が増えました。

私はパーソナルカラー診断の後に、お客様を生かす色を選んでフルメイクをさせていただいています。

色みを合わせるのはもちろんのこと、特に眉の描き方を変えるだけ、アイラインの入れ方を変えるだけで実は印象はグッとよくなります。

ご自身が持っている元々の美しさを色選びで引き立てて、さらにメイクのスキルに磨きをかけるととてもイメージアップできる！と実感しています。

メイクレッスンのときに、一番耳にするメイクのお悩みは「眉」。眉を描くのはみなさん一様に難しいようです。なぜなら、今まできちんと習ったことがないからだと思います。この本では眉の描き方や基礎ポジション、目が大きく見えるアイラインの入れ方の基本、崩れないファンデーションの作り方など、知っているようで知らなかったメイクの基本を、メイクの順序の通りにお教えしています。

メイク初心者の方、メイクは毎日しているけれどうまくいかないと困っている方、ぜひ参考にしてみてください。メイクが上手にできない方にも、補正をしながらメイクできるような手順でお教えしています。よく聞かれるメイクのお悩みの解決ページもありますので、近い悩みから選んで活用してみてくださいね。

パーソナルカラーに合ったメイクカラーをきちんと選ぶことができれば、メイクが肌を引き立ててくれ、「メイクをしていないように見られる」「元気なのに疲れて見られる」といった第一印象の悩みも自然と解決します。

似合うメイクの色をきちんと選び、メイクの基本的なスキルを身につける。それだけできれいは無理なく手に入ります。

似合う色とメイクスキルで、自分らしさがアップする「自分史上一番のきれい」を手に入れましょう！

Contents

Color analysis makeup

PART 1

Color analysis makeup

あなたに似合う色がわかる！
パーソナルカラー診断

もしも身につける色を間違えていることで、
人からの印象が下がっていたり、
大切なチャンスを逃しているとしたら、
もったいないことだと思いませんか？
本当に似合う色をきちんと把握することは、
自分を美しくイメージアップさせ、
人生を好転させる第一歩でもあります。
一生役に立つパーソナルカラーで、
あなたを輝かせる色を見つけてみましょう。

あなたを最大限に輝かせて見せる
パーソナルカラーメイクとは？

パーソナルカラーという言葉を耳にされたことはありませんか？　パーソナルカラーとは、生まれ持った「肌質」「虹彩（瞳の色）」「髪の色」の3つの要素の調和から、「似合う色」のグループを見つけ出すというものです。似合う色でメイクをすれば肌は輝いて見え、目は生き生きとし、肌の気になる色ムラが目立たなくなります。

ところが、私がふだんメイクレッスンをするなかで生徒さんにメイク道具を見せてもらうと、自分には似合わない色を使って、失敗している人が本当に多いのです。

選ぶべきグループの色でなく他のグループの色を選んでしまうことで、逆に顔色をくすませ、印象に残らない人になってしまっているのです。

似合う色と好きな色は違います。似合う色とは、肌の中で気になる色ムラを隠してくれる「補色」のことです。例えば、目の下に青クマができやすい人は、青クマが目立たなくなるメイクをすることが大切。大人の肌悩みはファンデーションで隠すのではなく、「似合う色の力」を借りて補色するのがもっとも効果的なのです。

メイクは服選びよりも重要!?
「本当に似合う色」のメイクで、誰でも美人になれる

メイクレッスンにいらっしゃる生徒さんからは、「メイクをしているのに、ノーメイクに見られる」「会った人に顔を覚えてもらえない」「元気なのに、疲れているの？と聞かれる」といった悩みをよく耳にします。これらの問題はすべて、正しい色のメイクで解決します。パーソナルカラーに合った洋服を着ることももちろん大切ですが、実は洋服よりも直接的にあなたの印象を左右するのがメイクです。洋服は多少色が違っ

ていてもメイクや小物づかいでリカバーできますが、直接肌にのせるメイクの色選びを間違えてしまうと、顔の印象がぼやけたり暗くなったりして、いくら似合う洋服を着ても素敵に見えません。自分の肌を美しく見せる色を選んで、もっと自分を輝かせるメイク方法を身につけることができれば、今までの悩みは吹き飛び、人から受けるイメージが一変して、より充実した人生へとつながるでしょう。

[パーソナルカラーを使ったメイクのメリットは？]

Merit 1
美肌に見える
肌の色が引き立つ色を選んで、ツヤやかで血色感のある肌に

Merit 2
小顔に見える
顔だけが浮いてしまうことがなく、バランスが取れた印象に

Merit 3
目ヂカラが強く見える
黒目がはっきり見え、コントラストがつき、目元の印象が強くなる

Merit 4
髪と肌の色がなじむ
肌色に合った髪の色にすることで、なじみがよく好印象に

Merit 5
肌のアラが目立たない
肌のツヤ感がアップして、くすみや小ジワが目立たない

Merit 6
クマが目立たない
目の周りのクマをカバーする肌色になる

Merit 7
人に好印象を与えられる
ナチュラルにメイクしても、きちんとしている感じが出て好印象に

Merit 8
人に覚えてもらえる
地味にならず、存在感を与えることができる

メイクの色選びを間違えると「地味」「老けて見える」「印象に残らない」なんてことに！

どんなに一生懸命メイクをしても、「好印象を与える、記憶に残る素敵な人」、にならなければ意味がありません。一番避けたいのは、「印象に残らない人」です。メイクをすることで本来ならばキラキラと輝く女性になりたいはずなのに、コスメの色選びを間違えてしまうと、なんだか冴えない肌色、眠そうな疲れた印象に。それらは本来使うべき色を使わず、使ってはいけない色に手を出しているからなのです。

自分に合わない色でメイクをするとどうなるのでしょうか？　例えば、もともと肌に赤みの出やすい人がオレンジや朱色の色みのメイクをすると、顔全体が赤く見え、メイクが濃く見えたり、野暮ったい印象を持たれてしまう要因になります。逆に、肌に血色感の少ない人が、青みピンクのコスメを使うと、肌がくすんで見えたり、貧血に見えたりして不健康なイメージになってしまいます。

人気色＝「あなたに似合う色」とは限らない！
間違った色でマイナスの印象になっていませんか？

人気色のコスメが必ずしもあなたに似合うわけではありません。みんなが使う流行のパレットでも、パーソナルカラーに合っていなければ逆にあなたを地味に見せてしまうかもしれません。自分に似合わない色を使ってしまうと、時間をかけてメイクをしても逆にマイナスの印象を与えてしまうので要注意です。

第一印象で「怖く見られる」「とっつきにくい」と思われる人は、たいてい自分が身につけるべき色を間違えているようです。またヘアカラーも第一印象を大きく左右します。髪の毛の色が明るすぎるとかえってお顔の印象がぼんやりしてしまったり、肌が明るいクリームなのに黒髪のロングだと肌と髪にコントラストが強く出てしまい、印象が重く見えてしまうことも。自分のパーソナルカラーに合った色を使えば、そんな悩みも解消し、メイクだけでなくヘアカラー選びにも迷わなくなります。

[似合わない色でメイクするデメリットは？]

 肌がくすんで見える
肌の色がくすみ、血色が悪く不健康なイメージに

 顔が大きく見える
顔だけが浮いてしまい、バランスが悪い印象に

 目ヂカラが弱く見える
黒目がぼやけコントラストがなく、目元の印象が弱くなる

 髪と肌の色がちぐはぐ
髪が浮いて見えて不自然に

 肌のアラが目立つ
肌とファンデーションが合わず、シミや小ジワが目立つ

 クマが目立つ
目の周りのクマを隠しきれず、かえって強調してしまう

 野暮ったいと思われてしまう
メイクが濃すぎる、またはメイクしていないように見える

 人に覚えてもらえない
地味な雰囲気になって、印象に残らない人に

まずはセルフチェックをしてみましょう！
パーソナルカラー診断

パーソナルカラーは肌と瞳の色の調和から、スプリング、サマー、オータム、ウインターの４つのグループに分けられます。季節の名前がついているからと季節によって着る色を変えるのではなく、スプリングの人は一年を通してスプリングのグループの色を使っていくと肌がきれいに見えます。

よく「日に焼けるとパーソナルカラーは変わりますか？」と聞かれますが、パーソナルカラーは一生変わることはなく、グループごとに色白の人は白さの種類が異なり、日焼けしている人は焼け方が異なります。

まずは肌質診断をして自分がどれに当てはまるか診断しましょう。肌質診断チェックリスト１では、青みが強い寒色系が似合うブルーベースなのか、黄みが強い暖色系が似合うイエローベースなのかを診断します。 肌質診断チェックリスト２では、明るく優しい色が似合うソフトタイプか、深く濃い色が似合うハードタイプかを診断します。上記の２つのグループが掛け合わさり、合計４つのグループとなります。

肌質診断のチェック項目に答えたら、トップス色を合わせて最終確認

ソフトタイプは表皮が薄く透明感がある人が多く、顔に赤みが出やすいのが特徴です。日焼けをしたら黒くなるより、赤くなります。明るく軽やかな色や鮮やかな色が似合います。服は大きな柄やコントラストのあるものより無地や小さめの柄の方がすっきり見えます。アクセサリーは小ぶりで華奢なデザインを選ぶと女性らしさが引き立ちます。

逆にハードタイプは、肌がしっかりしていて顔に赤みが出にくい人です。日焼けもしっかりします。どちらかというと肌が強く、あまり肌トラブルはないかもしれません。濃い色やコントラストのある色、大柄のトップスも着こなすことができます。アクセサリーは大ぶりで華やかなデザインがお似合いです。

さらに、15ページで紹介するトップス色診断をすることで、自分が似合う色のグループを実際に確認してみましょう。

[肌質診断チェックリスト1]

Ⓐまたは Ⓑ で、あてはまる項目が多い方を選んでください。

	Ⓐ		Ⓑ
肌全体が	黄ぐすみしやすい	or	青白く見えやすい
日焼けすると	浅黒く焼ける	or	小麦色に焼ける
色白な人は	ピンク系ベージュ	or	クリーム系ベージュ
リップを	つけなくても あまり変わらない	or	つけないと 具合が悪く見える
よく着るトップスは	グレー	or	ブラウン
クマは	目尻とまぶたに 茶グマ※がある	or	目の下に溝が出る 青グマ※がある

※茶グマって何?
頬の色に比べて、目の周りがぼんやり茶色く変色している。まぶた全体がくすんで色素沈着のように見える

※青グマって何?
血液が滞るのが原因で、目の下だけ青くなる。目の下がくぼんで疲れた感じに見える

Ⓐ が多い人

ブルーベース

Ⓑ が多い人

イエローベース

[肌質診断チェックリスト2]

Q1 大柄やボーダー柄のトップスはあまり着ない　　YES　　NO

Q2 顔全体や鼻の周りに赤みが出やすい　　YES　　NO

Q3 黒髪よりも明るい髪色の方がしっくりくる　　YES　　NO

Q4 目ヂカラがあまり強くなく、やわらかい印象　　YES　　NO

Q5 肌が弱く、赤いポツポツなどが出やすい　　YES　　NO

Q6 ふだんチークをつけないことが多い　　YES　　NO

Q7 皮膚が薄く透明感がある　　YES　　NO

Q8 メガネはあまり似合わないと感じる　　YES　　NO

Q9 濃い色の服を着ると年上に見られてしまう　　YES　　NO

YESが5〜9個　　　　　**YESが0〜4個**

ソフトタイプ　　　　　　ハードタイプ

イエローベース × ソフトタイプ = Spring スプリング

ブルーベース × ソフトタイプ = Summer サマー

イエローベース × ハードタイプ = Autumn オータム

ブルーベース × ハードタイプ = Winter ウインター

トップス色診断

　自分がどのグループなのかわかりましたか？　最後に実際に自分に似合う色を確認しましょう。パーソナルカラー診断では布を使いますが、ここでは27〜30ページの4枚のピンクのシートを使用します。似合う色とは、あなたの肌悩みをカバーしてより美しく見せてくれる色のことです。例えば、顔よりもシートが前面に出て見えたり、顔が赤く見えたりするとそれは似合っていないということです。

　実際にシートを使って似合うピンクを選んでみましょう。下記のチェックポイントを確認しながら、どの色が自分に似合うかを診断します。

 ## チェックポイント

洋服の色選びにも
役立つポイント！

☑ **肌にほどよい血色感があり、健康に見えるか**
　→肌質がしっかりとしているハードタイプのオータムとウインターの人は
　血色感が少ないので、ここが大切

☑ **ほうれい線やあごの下に黒い影が出ないか**
　→肌質が薄めのソフトタイプのスプリングとサマーの人は
　濃くて暗い色のトップスを着ると顔に影が出やすくなる

☑ **シミやそばかすなどが目立たないか**
　→頬の部分だけ白く見える色を選ぶと、
　反動で色ムラが目立つので要注意

☑ **肌全体が黄ぐすんで見えないか**
　→ブルーベースは肌全体が青みのあるピンク系なので、
　黄色のくすみが出るとピンクの肌になじまずに黄ぐすみを強く感じる

☑ **目の下の青グマが濃く見えないか**
　→イエローベースは肌全体が黄色を帯びているので、
　青い色が出るとそこが目立つ

☑ **顔が大きく見えないか**
　→ハードタイプのオータムとウインターの人が
　やわらかく明るい色を着ると、顔のラインが膨張して大きく見える

これがあなたのパーソナルカラー

診 断 結 果

肌質診断チェックリスト1と2で、あなたのグループがわかりましたか？　まず、「イエローベース」「ブルーベース」のどちらかを決定して、診断リスト2で「ソフトタイプ」か「ハードタイプ」かを選びます。イエローベース×ソフトタイプは「スプリング」、イエローベース×ハードタイプは「オータム」。ブルーベース×ソフトタイプは「サマー」、そしてブルーベース×ハードタイプは「ウインター」となります。

ただし、注意したいのは、同じソフトタイプのスプリングとサマー、同じハードタイプのオータムとウインターが間違えやすいということ。人は自分のパーソナルカラーと反対の色を好むことが多いので、ブルーグレーやネイビーなどサマーの服をよく着るという人はスプリングの可能性があり、黒やロイヤルブルーをよく着るという人はウインターではなくオータムだったりします。13ページの肌質診断チェックリストをしっかり確認してみてください。

トップス色診断で迷ったら、
リップの色に置き換えてチェックしてみましょう

実際にカラーシートを顔にかざしてみたら、かえってわからなくなってしまったという場合は、シートを唇と同じ大きさに切ってリップの代わりに唇に直接のせてみてください。実は4つのシートのピンクはリップの色に置き換えることができます。シートが顔よりも前に出ていないか、肌となじみすぎてぼやっとしないか、などをチェックしてみましょう。家族や友人と一緒にやってみると楽しいですし、お互いに客観的に診断できます。

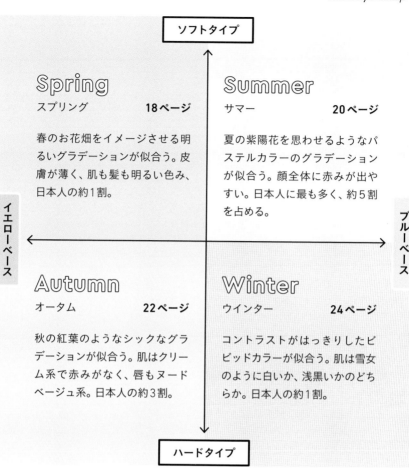

ソフトタイプ

Spring
スプリング　　　**18ページ**

春のお花畑をイメージさせる明るいグラデーションが似合う。皮膚が薄く、肌も髪も明るい色み、日本人の約1割。

Summer
サマー　　　**20ページ**

夏の紫陽花を思わせるようなパステルカラーのグラデーションが似合う。顔全体に赤みが出やすい。日本人に最も多く、約5割を占める。

イエローベース

ブルーベース

Autumn
オータム　　　**22ページ**

秋の紅葉のようなシックなグラデーションが似合う。肌はクリーム系で赤みがなく、唇もヌードベージュ系。日本人の約3割。

Winter
ウインター　　　**24ページ**

コントラストがはっきりしたビビッドカラーが似合う。肌は雪女のように白いか、浅黒いかのどちらか。日本人の約1割。

ハードタイプ

診断に迷ったときは

● トップス色診断で判断できない場合は、シートを唇の大きさに切って、リップの色に置き換えて診断してみましょう。

● 家族や友人など、周りの人の意見を聞いてみます。客観的な意見を述べてくれる人と一緒に判断してみましょう。

● もう一度始めから、肌質診断チェックリストで肌の悩みを照らし合わせてみましょう。

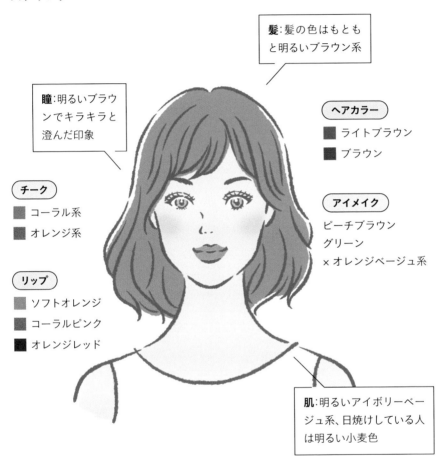

イエローベース × ソフトタイプ

Spring

スプリング

髪:髪の色はもともと明るいブラウン系

瞳:明るいブラウンでキラキラと澄んだ印象

ヘアカラー
- ライトブラウン
- ブラウン

チーク
- コーラル系
- オレンジ系

アイメイク
ピーチブラウン
グリーン
× オレンジベージュ系

リップ
- ソフトオレンジ
- コーラルピンク
- オレンジレッド

肌:明るいアイボリーベージュ系、日焼けしている人は明るい小麦色

気になる肌悩み
- 皮膚が薄く、目の下に青グマが目立ちやすい
- 鼻の周りにコーラル系の赤みが出やすい
- 日焼けをすると軽いやけどのように赤くなる

明るく透明感のある肌が魅力
春のお花畑のようなグラデーションが似合う

皮膚が薄く、繊細なクリーム系の肌。色素が薄くキラキラとガラス玉のように輝く明るい茶色の瞳と、ブラウンの髪。そんな人はスプリングのグループです。肌が弱い人が多く、化粧かぶれなどの肌トラブルが起こりやすいタイプでもあります。色白の人は貧血っぽく見られることも。

日本人には少なく全体の約1割ほどなので、ぴったり似合うアイシャドウパレットを手に入れるのは難しいかもしれません。

単色を揃えて自分好みのパレットをつくるのもおすすめです。

肌や髪の彩度が高いので、明るい暖色系、明るいグラデーションのメイクがお似合いです。年齢を重ねてもにごりのない明るい色の服や若々しいメイクができるので、いつまでも少女のような初々しさを演出できます。色鮮やかな明るい色が似合うので、カジュアルな着こなしも得意。海外ブランドの華やかな色みも着こなせます。

【スプリングの適性カラー】

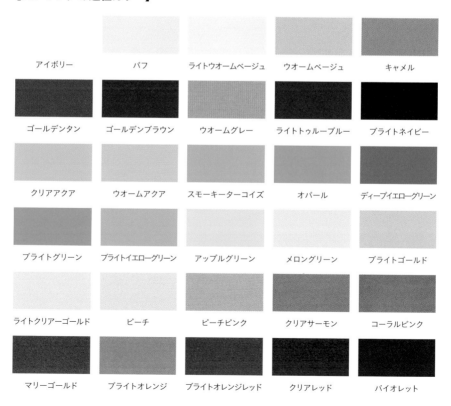

アイボリー	バフ	ライトウォームベージュ	ウォームベージュ	キャメル
ゴールデンタン	ゴールデンブラウン	ウォームグレー	ライトトゥルーブルー	ブライトネイビー
クリアアクア	ウォームアクア	スモーキーターコイズ	オパール	ディープイエローグリーン
ブライトグリーン	ブライトイエローグリーン	アップルグリーン	メロングリーン	ブライトゴールド
ライトクリアーゴールド	ピーチ	ピーチピンク	クリアサーモン	コーラルピンク
マリーゴールド	ブライトオレンジ	ブライトオレンジレッド	クリアレッド	バイオレット

Summer

サマー

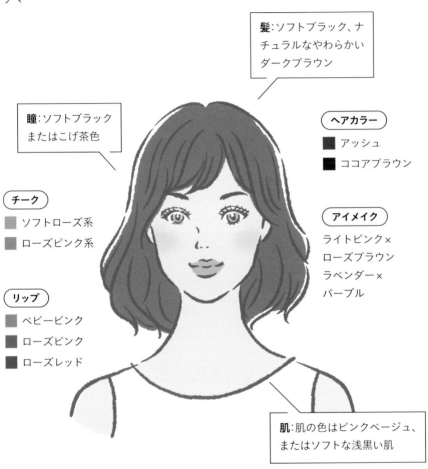

髪：ソフトブラック、ナチュラルなやわらかいダークブラウン

瞳：ソフトブラックまたはこげ茶色

ヘアカラー
- ■ アッシュ
- ■ ココアブラウン

チーク
- ■ ソフトローズ系
- ■ ローズピンク系

アイメイク
ライトピンク×ローズブラウン
ラベンダー×パープル

リップ
- ■ ベビーピンク
- ■ ローズピンク
- ■ ローズレッド

肌：肌の色はピンクベージュ、またはソフトな浅黒い肌

気になる肌悩み
- ●顔全体に赤みが出やすい
- ●肌全体が黄ばんだベージュにくすみがち
- ●目尻やまぶたに茶グマが出やすい
- ●ポツポツと毛穴が目立つ

夏の紫陽花を思わせる上品で優しい
パステル系グラデーションが似合う

　知的で上品な印象のサマーのグループには、彩度が低くやわらかなトーンの色がお似合いです。肌がさらさらとした質感なので、メイクも透明感が出るようにつくると上品でエレガントな印象がアップします。

　日本人の約半数がこのグループに属するため、メイクアイテムも豊富に出ているのですが、定番のブラウンやベージュ系のアイシャドウをつけると、肌に馴染みすぎてメイクをしていないような印象になりま

す。ブラウンではなくライトピンクや寒色系のアイシャドウを選ぶのが正解です。締め色に濃いブラウンを選ぶと、目尻の茶グマが増えて見えます。アッシュやローズブラウンなど青みのあるものを選びましょう。

　顔全体に赤みが出やすいので、オレンジ系のメイクをすると、より赤みが強調されてしまい、ファンデーションが厚くなりがち。寒色系を選んで肌に透明感をプラスしましょう。

【サマーの適性カラー】

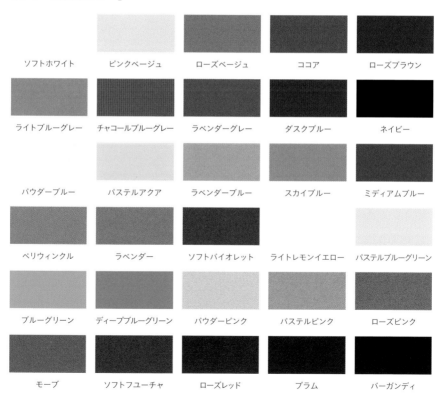

ソフトホワイト	ピンクベージュ	ローズベージュ	ココア	ローズブラウン
ライトブルーグレー	チャコールブルーグレー	ラベンダーグレー	ダスクブルー	ネイビー
パウダーブルー	パステルアクア	ラベンダーブルー	スカイブルー	ミディアムブルー
ペリウィンクル	ラベンダー	ソフトバイオレット	ライトレモンイエロー	パステルブルーグリーン
ブルーグリーン	ディープブルーグリーン	パウダーピンク	パステルピンク	ローズピンク
モーブ	ソフトフューチャ	ローズレッド	プラム	バーガンディ

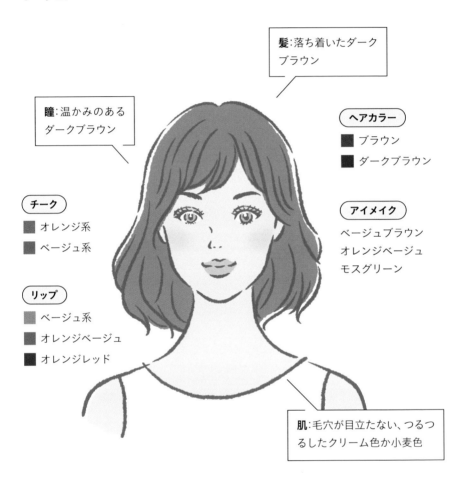

イエローベース × ハードタイプ

Autumn

オータム

髪:落ち着いたダーク
ブラウン

瞳:温かみのある
ダークブラウン

ヘアカラー
■ ブラウン
■ ダークブラウン

チーク
■ オレンジ系
■ ベージュ系

アイメイク
ベージュブラウン
オレンジベージュ
モスグリーン

リップ
■ ベージュ系
■ オレンジベージュ
■ オレンジレッド

肌:毛穴が目立たない、つるつ
るしたクリーム色か小麦色

**気になる
肌悩み**

● 肌に赤みが出にくい反面、血色感も少ない
● 唇もヌードベージュ系の人が多く、メイクをし
ないと疲れて見えることも
● 目の下に青グマができやすい

秋の紅葉を思わせる暖色系の
シックなグラデーションが似合う

毛穴が目立たない、つるつるとしたクリーム色の肌を持つオータムグループ。ダークブラウンの瞳を持ち、落ち着いたブラウンや深みのある色をつけても肌がくすんだり暗く見えることなく、艶やかできれいに見えます。

肌に赤みがなく、唇もヌードベージュの人が多いので、メイクで血色感をプラスしていきましょう。肌色がアップして見え、透明感もプラスできます。年齢を重ねるに

つれて、ノーメイクだと疲れて見えやすい傾向があります。肌に血色感がないぶん暖色系がよく似合うので、メイクや服に赤やオレンジ系を加えると血色がよく見えます。

森ガールのようなナチュラルなイメージにはブラウン系アイシャドウを、ゴージャスで女っぽい印象にしたいときには、モスグリーンやターコイズなどをアクセントに入れるのもおすすめ。やりすぎ感なく華やいだ目元が演出できます。

【オータムの適性カラー】

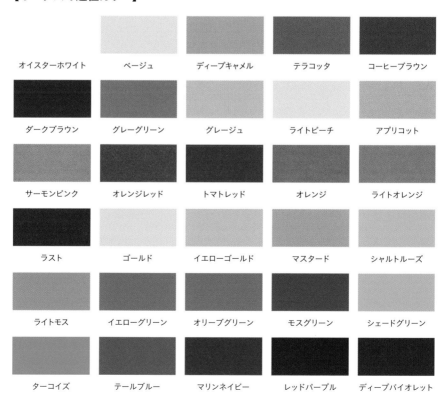

オイスターホワイト	ベージュ	ディープキャメル	テラコッタ	コーヒーブラウン
ダークブラウン	グレーグリーン	グレージュ	ライトピーチ	アプリコット
サーモンピンク	オレンジレッド	トマトレッド	オレンジ	ライトオレンジ
ラスト	ゴールド	イエローゴールド	マスタード	シャルトルーズ
ライトモス	イエローグリーン	オリーブグリーン	モスグリーン	シェードグリーン
ターコイズ	テールブルー	マリンネイビー	レッドパープル	ディープバイオレット

Winter

ウインター

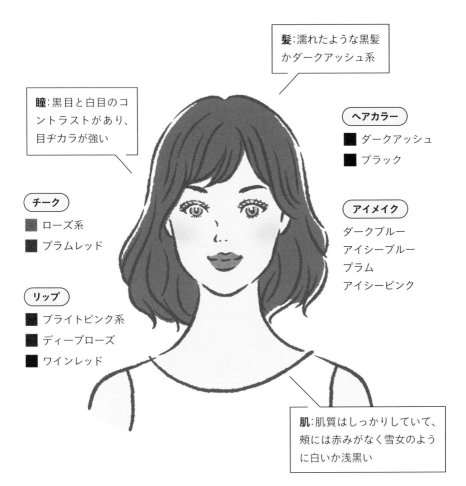

髪:濡れたような黒髪
かダークアッシュ系

瞳:黒目と白目のコ
ントラストがあり、
目ヂカラが強い

ヘアカラー
■ ダークアッシュ
■ ブラック

チーク
■ ローズ系
■ プラムレッド

アイメイク
ダークブルー
アイシーブルー
プラム
アイシーピンク

リップ
■ ブライトピンク系
■ ディープローズ
■ ワインレッド

肌:肌質はしっかりしていて、
頬には赤みがなく雪女のよう
に白いか浅黒い

**気になる
肌悩み**

● 肌全体がくすみやすい

● 顔全体に血色感がなく、目の周りに茶グマが出
やすい

● 日焼けをしやすい

雪女のように白いか浅黒いかのどちらか
コントラストの強いビビッドカラーが似合う

肌質がしっかりしていて頬に赤みがなく、雪女のように白い肌か浅黒い肌かの2パターンに分かれます。日本人の約1割の人がこのグループです。黒目と白目のコントラストがあり、「目ヂカラがある」と言われる人も多く、全身黒い服を着ても重い印象にならないのがウインターの特徴です。

凛とした美しさやクールさ、ゴージャスさが持ち味で、似合うのは寒色系の重みのある色、またはアイシーカラーと呼ばれる

パステルに白を混ぜたような色です。アイメイクでは色数は少なめにしてツヤを強調し、アイラインをしっかり入れた方が目元の存在感が引き立ちます。定番のブラウンパレットはくすみや茶グマが目立ちやすいので避けるのが無難。アイシャドウパレットはアイシーピンクやシルバーが入った強い光沢のあるものを選びましょう。目ヂカラがあるので、ローズレッドなどの濃いリップもさらりとつけこなせます。

【ウインターの適性カラー】

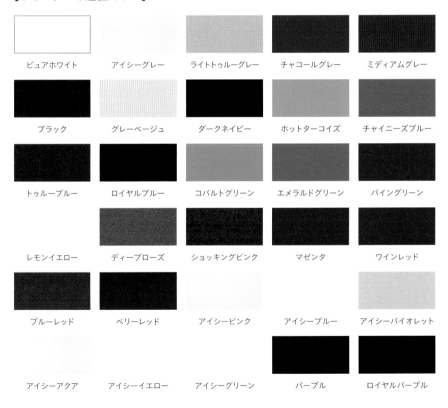

ピュアホワイト	アイシーグレー	ライトトゥルーグレー	チャコールグレー	ミディアムグレー
ブラック	グレーベージュ	ダークネイビー	ホットターコイズ	チャイニーズブルー
トゥルーブルー	ロイヤルブルー	コバルトグリーン	エメラルドグリーン	パイングリーン
レモンイエロー	ディープローズ	ショッキングピンク	マゼンタ	ワインレッド
ブルーレッド	ベリーレッド	アイシーピンク	アイシーブルー	アイシーバイオレット
アイシーアクア	アイシーイエロー	アイシーグリーン	パープル	ロイヤルパープル

診断用カラーシートの使い方

27〜30ページの4枚のピンク色のシートを使って、あなたにもっとも似合うトップスの色を探していきます。似合う色とは、気になる肌悩みをカバーしてくれ、肌をよりきれいに見せてくれる色のことです。なるべく大きな鏡の前に座り、自然光の下で顔の真下に4つのカードをそれぞれ1枚ずつ当てていき、どの色が肌を一番きれいに見せてくれるかを診断します。

15ページのチェックポイントを確認しながら、肌がきれいに見える1枚を選びましょう。顔の下にシートを当てたとき、肌のくすみやほうれい線、目の周りのクマなどが目立つようなら、それは「似合わない色」ということ。また、シートが前に飛び出す、顔が大きく見える、太って見えるという場合もその色は「似合わない色」です。

迷ったときは、シートを唇と同じ大きさに切ってリップの色に置き換えて診断してみましょう。もっとも顔色がよく肌がきれいに見える色が、あなたのパーソナルカラーです。セルフィーで写真を撮って、家族や友人に診断してもらうのもおすすめです。

［診断するときの注意点］

- 日中に自然光が入る、明るい部屋で行うこと
- 窓に向かって座り、目の前にできるだけ大きい鏡を置くこと
- 必ずスッピンで行うこと
- カラーコンタクトや眼鏡は外すこと
- 服の色に影響されないように、白シャツや白ブラウスなどを着用すること

準備ができたら、早速やってみましょう

診断用カラーシート　①Spring スプリング

診断用カラーシート　③ Autumn オータム

PART 2

Color analysis makeup

パーソナルカラー別
メイクレッスン

自分の魅力を最大限に引き出すには、
パーソナルカラーに合わせて
メイクの色を選ぶことが不可欠です。
まず、選ぶべき色をマスターしましょう。
さらに、ビジネス＆プライベート、
2つのシーンに合わせたメイクパターンを紹介します。
毎日のメイクの参考にしてください。

【パーソナルカラー別】
似合うコスメの選び方

魅力を120％引き出すことができるのは
本当に似合うメイクアップカラーだけ！

「好きな色のリップなのに、つけるとなんだか映えない」「しっかりメイクしているのにノーメイクに見えてしまう」「ナチュラルメイクなのに厚化粧に見られる」……。

カラー診断とメイクレッスンのときに、よく聞くお声です。つまり、多くの女性が「せっかくメイクしてもきれいに見えない」というお悩みを抱えているのです。

なぜでしょうか？　答えは、ずばり、コスメの色選びが間違っているからです。リップやアイシャドウなどを選ぶとき、新色だから、好きな色だから、友達が使っているから──そんな理由で選んでいませんか？　残念ながら、どんなに好きな色でも"似合わない色"があるのです。パーソナルカラー（肌と瞳の色）を無視したコスメでは、いくら頑張ってメイクをしてもきれいに見せることはできません。むしろ、気になるお悩みばかりを目立たせてしまうことにもなりかねません。

逆にいえば、パーソナルカラーに合った色さえ選べば、誰もがその人らしさを生かした好感度美人になることができるのです。

パーソナルカラーを知っていれば
コスメの無駄買いも防げる

パーソナルカラーに合ったメイクアップカラーを選ぶことのメリットはたくさんありますが、まず、肌がきれいに見えるようになります。健康的で透明感のある美肌に見えるうえ、顔全体がパッと明るい雰囲気になり、ほどよい血色が出て若々しい印象になります。

自分に本当に似合う色のコスメだけを持っていれば、組み合わせを考えるのも簡単でパパッとメイクできるので、時間のない朝でも安心。持っている色を組み合わせるだけで、統一感のあるメイクがスピーディーに仕上がります。たくさんのコスメを買う必要もないので、買ってはみたものの結局使わなかった……などという無駄も防げて経済的にもうれしいですね。

自分の肌や瞳の色を一番生かしてくれる色で
メイクをもっと楽しんで！

Part2では、パーソナルカラーに合わせたメイクアップコスメの選び方と、それぞれのメイクパターンを紹介します。

メイクパターンは、ビジネスシーンなど毎日のメイクにぴったりのベーシックメイクと、遊びに行くときやデートなどプライベートシーンにふさわしい華やかなメイクの2パターン。ベーシックメイクは、同系色グラデーションのアイメイクや一番似合う色のリップを使ったナチュラルバージョン。パーソナルカラーごとの色使いの基本がわかるようにしました。もうひとつのパターンはプライベート編。同じ似合う色のなかでも、濃度や彩度の異なる色や、パー

ルやラメ、ツヤ感を増量したタイプに変えたり、さらにはアクセントカラーをプラスして遊び心を加えています。

慣れてきたら、似合う色のなかでの組み合わせは自由自在。シーズンごとの新色のなかから、自分にぴったりのトレンドカラーを選べば、あっという間に旬の顔をつくることも可能です。そうなったら、メイクがより身近に、楽しいものになると思いませんか？

スプリング、サマー、オータム、ウインター――4タイプそれぞれのパーソナルカラー・メイクアップの効果を実感して、毎日のメイクに役立ててください。

スプリングタイプの場合

似合う色なら
洗練された印象に！

ウインター用のメイクをしてみると、肌が青白く見え、なんだか疲れた印象に。

スプリングタイプに似合う色でメイクすると、肌に透明感が出て、パッと明るく健康的な印象に。

Eyeshadow アイシャドウ

Spring
スプリング

明るくカラフルな色使いで
透明感のあるキュートな目元に

キラキラと輝く明るい瞳の色と、透明感の
ある肌が魅力のスプリングの人は、明るくカ
ラフルなアイカラーが似合います。年齢を重
ねても若々しいメイクができるタイプなの
で、瞳の色に合わせてにごりやくすみのない
軽やかな色を選ぶのが重要です。

オフィスなどには、明るいブラウンや、自
然な血色を与えてくれるコーラルやピーチ
系のブラウンのグラデーションを。引き締め
カラーもダークすぎない色がいいでしょう。

ハイライトカラーは、真っ白ではなくクリー
ム系で、肌のツヤを生かす色と質感のもの
を。

デートやパーティのときは、グリーンやオ
レンジ、イエローなどをアクセントに使って
よりフレッシュな印象に。あくまでも明るく
にごりのないピュアな色みを選ぶこと。難し
そうと思うかもしれませんが、スプリングの
人ならフレッシュさが際立ちますから、自信
を持ってチャレンジしてください。

おすすめのアイシャドウ

使いやすい構成のピーチブラウン
系4色セット。
コフレドール
ビューティオーラアイズ
02 ピンクブラウン
¥3,850（編集部調べ）/ カネボウ化
粧品

絶妙グラデの5色セットのアプリ
コット系。
ショコラスウィート　アイズ
022
¥1,760/ リンメル

きめ細かなラメを配合したライトグリー
ンとイエロー。スプリングの人にぜひチャ
レンジしてほしい色みです。
左:RMK インジーニアス パウダーアイズ
N 11 ¥2,420/RMK Division
右:RMK インジーニアス パウダーアイズ
N 14 ¥2,420/RMK Division

パーソナルカラーメイクの要となるアイメイク。似合うアイカラーを選ぶこと
で顔全体がはっきりとし、目ヂカラのある生き生きした表情になります。薄く
塗っているのに派手に見られたり、濃く塗っているのにノーメイクに見えたり
する人は、間違った色を使っているサイン。

Summer
サマー

優しいピンクグラデで
目元にエレガントさを

　こげ茶やソフトブラックの優しげな瞳を
持つサマータイプには、涼やかなパステルカ
ラーが似合います。サラサラとした肌の質感
に合わせ、アイカラーもパールやラメの少な
いマットタイプで、サマータイプの上品なエ
レガントさを引き立てましょう。気をつけた
いのは、人気のブラウン系。肌になじんでし
まうので、メイクをしていないような地味で
さみしい印象の目元になってしまいます。

　デイリー使いには、ピンクが主役のグラ
デーションパレットを。まぶた全体にぼかす
ベースカラーは一番淡いピンクを、引き締め
カラーはブラウンだとぼやけて見えてしまう
ので、青みの入ったアッシュやローズブラウ
ンを選びましょう。

　華やかなシーンやファッションのときに
は、ラベンダーやラベンダーブルーなどの
パープル系グラデーションでアイメイクにも
華やかさをプラス。涼しげな色の重なりから
大人っぽい目元に仕上がります。

おすすめのアイシャドウ

ローズ系のグラデーションがき
れいにつくれる4色セット。
エスト
エモーショナルマルティブル
アイズ 17 ¥6,050/ 花王

ピンク＆ローズ系のグラデーショ
ンが使いやすい4色セット。
エクセル　リアルクローズシャドウ
CS02 ¥1,650/ 常盤薬品工業

甘さのあるストロベリーブラウン。
ショコラスウィート　アイズ
015 ¥1,760/ リンメル

Autumn
オータム

オレンジ系で血色感をプラスして
顔色よく肌の透明感までアップ！

　ダークブラウンの瞳を持つオータムの人は、落ち着いたブラウン系アイカラーをつけても、肌がくすんだり、メイク感のなさを感じさせる心配がありません。ただし、30代以降はオレンジの入ったクリームブラウン系や赤みのあるテラコッタブラウン系で、目元に血色感を補いましょう。年齢とともに気になる疲れた印象をカバーして、肌全体の透明感を生み出してくれます。

　デイリーメイクは、クリームブラウンやテラコッタブラウンなど血色感を与える色の入ったブラウングラデーション。まぶた全体にクリームブラウンやテラコッタをぼかし、必ずダークブラウンで目元をキュッと引き締めて。

　派手な色でもサラッと使いこなせるのがオータムタイプの特徴なので、いつもと違ったメイクに挑戦したいときは、締め色にモスグリーンを。オレンジやテラコッタとも相性がいいので、肌になじみながらも洗練された目元がつくれます。

おすすめのアイシャドウ

いろいろな組み合わせを楽しめる
6色セット。
ケイト
トーンディメンショナルパレット
EX-3 ¥1,980（編集部調べ）/
カネボウ化粧品

テラコッタブラウンとイエロー
ゴールドのセット。
ビオモイスチュアシャドー
29ガイア ¥4,180/MIMC

オータムにぴったりの4色を配し
たセット。
ルナソル
アイカラーレーション 04
¥6,820/カネボウ化粧品

Winter

ウインター

光沢感のあるプラム系で
艶やかで強さのある目元に

　真っ黒な瞳で目ヂカラのあるウインターの人は、黒目と白目のコントラストをはっきりと出すアイカラーを選びます。色みはサマーと似ているのですが、より透明感や光沢の強いタイプがおすすめです。白パールのたっぷり配合されたアイカラーを選べば失敗しません。残念ながら人気のブラウン系は、くすみや茶グマが目立ってノーメイクに見えてしまいます。

　ビジネスシーンなどデイリー使いにおすすめなのは、プラム系、ピンク系、バイオレット系のグラデーション。白パールを効かせたアイシーな淡い色をまぶた全体や眉下に広範囲に入れ、ダークプラムで引き締めます。全体にシアーなツヤが出て、目元がグッとはっきりします。

　華やかに仕上げたいときは、プラムやアイシーピンク系にシルバーやホワイトラメなどのパール感のあるアイシャドウがおすすめ。アイシーグレー、ディープシルバーなど強い光沢がある色を組み合わせてみましょう。クールでモード感のあるアイメイクになります。

おすすめのアイシャドウ

アイシーな質感のライトピンク系。
ケイト
トーンディメンショナルパレット
EX-4 ¥1,980（編集部調べ）/
カネボウ化粧品

ダークネイビーとパールピンクの
絶妙なさじ加減でシックな目元を
つくります。
ルナソル
ベルベットフルアイズ 01 ¥5,500/
カネボウ化粧品

きめ細かなパールが上品な輝きを
添えます。
エレガンス
ヌーヴェル アイズ 20 ¥6,050/
エレガンス コスメティックス

Lip リップ

Spring
スプリング

明るいオレンジ系リップで
親しみやすさをアピール

オレンジ系のリップが持ち前の透明感を生かしながら、血色のいいヘルシーなイメージに。なんとなくオレンジリップを敬遠している人はぜひ一度つけてみて。その効果に納得するはず。ピンク系をつけたいときも、オレンジみを加えたコーラルピンクやサーモンピンクなら大丈夫です。避けたいのはピュアピンク、ローズ系。

おすすめのリップ

シアーな質感のツヤタイプ。
ラブソリュ ルージュ S122
¥4,400/ランコム

ツヤ感のある仕上がりのティントタイプのオレンジ。
バーム ステイン 040
ランデブー ¥1,320/
レブロン

ツヤ感があるので肌になじんで、肌の透明感を強調してくれるカラーです。
エクセル
グレイズバームリップ
GB07 ウォーターメロン
¥1,760/ 常盤薬品工業

Summer
サマー

青みピンクで肌の赤みを
カバーしながら上品に

もともとの唇や肌に赤みのあるサマーの人は、青みピンクがすっきりと肌になじんで、上品でクリアな肌を演出してくれます。シックに装いたいときは、ローズ系、ローズ系ブラウンでもいいでしょう。もとの唇に色があるので、ファンデーションで色を消してから塗ると発色がよくなります。避けたいのはベージュ系、オレンジ系。

おすすめのリップ

ツヤのある仕上がりが魅力のピンクリップ。
エクセル
グレイズバームリップ
GB02 ピーチタルト ¥1,760/
常盤薬品工業

色もツヤも万人向けの王道ピンク。
ラスティング
リップカラー N 205
¥528/ セザンヌ

肌に溶け込むようになじむみずみずしいツヤのローズ。
ルナソル
プランプメロウリップス
05 ¥4,400/
カネボウ化粧品

塗るだけで色の力を発揮するのがリップカラー。それだけにパーソナルカラーに合わない色を使ってしまうと、肌色はもちろん、顔全体の印象が悪くなってしまいます。似合う色のリップをつけていると、ほめられることが増えてびっくりするかも！

Autumn
オータム

ベージュ＆ブラウン系で
顔全体のトーンをやわらかく

もともと肌にも唇にも赤みの少ないオータムタイプは、明るく温かみのあるベージュやブラウン系が似合います。ヌーディなベージュやブラウンでモードっぽく見せてもいいのですが、デイリーメイクで健康的に見せたいなら、オレンジやレッドを加えた赤みブラウンを選ぶようにして。避けたいのは青みピンク、ローズ系。

おすすめのリップ

ツヤを抑えたタイプのリップなので派手になりすぎません。
キス クラウド
ブロッテッド リップ カラー
010 ソフト シエナ ¥1,430/
レブロン

ゴールドのきらめきをプラスしたテラコッタ色。
ディグニファイド
リップス 09 テラコッタ
¥3,520/セルヴォーク

ラフな抜け感のあるテラコッタオレンジ。
エクセル
グレイズバームリップ
GB12 ホットカラメル
¥1,760/常盤薬品工業

Winter
ウインター

目ヂカラを引き出す
ツヤありベビーピンク

ウインタータイプは、持ち前の目ヂカラを引き立てるのを優先して、リップは控えめな色を意識して。そのぶん質感のあるリップを。パールのツヤや濡れたようなグロッシーなタイプが口元に抜け感を与え、バランスよく仕上がります。また、目と同等の強さを持つレッドやローズも似合います。避けたいのはベージュ、オレンジ系。

おすすめのリップ

ウインタータイプの肌に溶け込むようになじむローズリップ。
コフレドール
スキンシンクロルージュ
RS-341 ¥2,970（編集部調べ）/
カネボウ化粧品

レディな口元をつくるピンクレッド。
キャンメイク
メルティールミナス
ルージュ 02
ピンキーレッド ¥880/
井田ラボラトリーズ

うるおったようなツヤ仕上がりのリップ。
エクセル
グレイズバームリップ
GB05 カシスロゼ
¥1,760/常盤薬品工業

03 | Cheek チーク

Spring
スプリング

オレンジ系で
ヘルシーさと若々しさを
感じさせて

リップカラーに合わせたオレンジ系、コーラル系が似合います。自然なツヤ仕上がりのタイプを選ぶと、ツヤツヤ＆イキイキとよりフレッシュな印象になります。ピンク系の青みのある色は、顔色を悪く見せてしまうので避けた方がよいでしょう。

おすすめのチーク

2色を混ぜて濃度を調整しやすい2色セットのチーク。左のピーチピンクはツヤ肌仕上げに。
ポール & ジョー パウダー
ブラッシュ 04「シネマ」
¥3,300（セット価格）/
ポール & ジョー ボーテ

オレンジみのあるピンクはスプリングタイプの鉄板色。自然なパール感あり。
エクセル
オーラティック
ブラッシュ AB02
アプリコットジャム
¥1,980/常盤薬品工業

ハイライトカラーも入った4色セット。
ミックスカラーチーク
N 02 ピュアコーラル
¥748/セザンヌ

Summer
サマー

ソフトローズブラウンで
肌の赤みを
カモフラージュ

もともと頬に赤みの出やすいサマーの人は、補色となる寒色のくすんだローズ系、ソフトピンク系で赤みをカバーして透明肌に見せるのがポイント。オレンジやレッド系は赤ら顔に見せてしまうので、NGカラーです。

おすすめのチーク

ソフトにぼかしやすいナチュラルなローズ。
パーフェクトリー
ナチュラル ブラッシュ
361 ブロッサム ピンク
¥1,760/レブロン

質感の異なるピンクバリエ。混ぜて使っても。
インテグレート
チークスタイリスト
PK272（オープン価格）/
資生堂

ほんのり青みのあるローズ系のチークカラーとハイライトカラーのセット。
インテグレート
フォルミングチークス
RD310 ¥1,650/
資生堂

顔全体の色のバランスを整えながら、血色のよさやツヤ感などを与えるチーク。あまり使わないという人もいるのですが、パーソナルカラーに合った色をのせるだけで、顔立ちがすっきりとして小顔効果も発揮！　大人メイクの必須アイテムと心得て。

Autumn
オータム

さりげないベージュ
チークでメイクの
まとまりを出して

リップをポイントにしたいオータムタイプは、肌なじみのよいベージュ系チークでバランスを取ります。ベージュ系チークが物足りなく感じるようになった30代以降の人は、オレンジみの入ったベージュ系で血色よく見せましょう。

おすすめのチーク

きめ細かなシルバーパール配合だから、肌に自然なツヤが生まれます。
インテグレート
フォルミングチークス BR310
¥1,650/資生堂

肌なじみのよいオレンジベージュ。右のハイライトカラーとミックスしてもOK。
インテグレート
フォルミングチークス
OR210 ¥1,650/資生堂

ふんわりぼかせるマットタイプのオレンジ。
マット パウダー
ブラッシュ106 ¥1,760/
レブロン

Winter
ウインター

ローズ系で
フレッシュ感と
メリハリのある顔立ちに

頬にほとんど赤みがないので、チークは必ず入れたいウインタータイプ。アイシーピンクのリップには鮮やかなローズチークを、ローズやレッド系リップのときは淡いローズチークにして、リップとのバランスで濃度をコントロールしましょう。

おすすめのチーク

血色をよく見せる効果の高いローズチーク。
ヴィセ リシェ
フォギーオンチークスN
R D 421 ¥1,650（編集部調べ）/
コーセー

ルナソル
カラーリング
シアーチークス（グロウ）
02 ¥3,850（セット価格）/
カネボウ化粧品

2色を混ぜて好みのローズカラーをつくれるチーク。
インテグレート
フォルミングチークス
PK210 ¥1,650/資生堂

Eyeline アイライン

目のアウトラインを際立たせるアイライン。描いた後にツヤが残るリキッドタイプは、レフ板効果でキラキラと潤んだような瞳に見せてくれます。

Spring
スプリング

Autumn
オータム

肌色がイエローベースの人は、ダークブラウン系。優しい色みの瞳と調和して、目を大きく見せつつ、やさしい目元が完成します。黒のラインはケバイ印象になりがちです。

おすすめのアイライナー

優しい印象のナチュラルブラウン。
ディーアップ
シルキーリキッド
アイライナー
WP NB
¥1,430/ディーアップ

抜け感のある明るい目元に。
ヴィセ リシェ
カラーインパクト
リキッドライナー
BR341
¥1,100（編集部調べ）/
コーセー

落ち着きのあるオレンジ。
ヴィセ リシェ
カラーインパクト
リキッドライナー
OR240
¥1,100（編集部調べ）/
コーセー

Summer
サマー

Winter
ウインター

肌色がブルーベースの人は、ブラック一択。目がキツく見えるのを心配してブラウン系を選ぶ人がいるようですが、肌悩みの茶グマがかえって目立ってしまうことも。

おすすめのアイライナー

くっきりと発色する漆黒ブラック。
ディーアップ
シルキーリキッド
アイライナー WP BK
¥1,430/ディーアップ

クールな目元を演出。
ヴィセ リシェ
カラーインパクト
リキッドライナー
BL940
¥1,100（編集部調べ）/
コーセー

温かみのあるバーガンディ。
ヴィセ リシェ
カラーインパクト
リキッドライナー
RD440
¥1,100（編集部調べ）/
コーセー

Mascara マスカラ

マスカラは黒と決めている人もいるようですが、肌色に合わせて使い分けるのが正解です。アイラインの色に揃えると印象が安定します。

Spring
スプリング

Autumn
オータム

イエローベースの人は、マスカラもダークブラウン系を。カラーマスカラを楽しみたいときは、カーキーや明るいオレンジ系がおすすめ。

おすすめのマスカラ

優しい印象のブラウン。
ラッシュノックアウト
エクストラボリューム E
モカブラウン ¥1,650/ イミュ

洗練されたスタイリッシュな目元に。
ウズ モテマスカラ
KHAKI ¥1,980/
UZU BY FLOWFUSHI

Summer
サマー

Winter
ウインター

ブルーベースの人は、マスカラもブラックを。カラーマスカラを楽しみたいときは、バーガンディ系やネイビーブルーなどがおすすめ。

おすすめのマスカラ

深みのあるブラック。
ラッシュノックアウト
エクストラボリューム E ブラック
¥1,650/ イミュ

血色感のある、甘い目元に。
ウズ モテマスカラ
BURGUNDY ¥1,980/
UZU BY FLOWFUSHI

Spring

仕事編

透明感のあるキュートさを生かして
明るく親しみやすい印象に

茶色の瞳とクリーム系の肌色を引き
立てる明るい色を選びます。ビジネス
シーンでも、上司や同僚、後輩からも
愛される好感度抜群のメイクです。

Eyeshadow

瞳の色に合わせた
軽やかなブラウン系グラデでやわらかい目元に

 →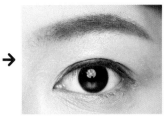

アイラインをぼかすように①のダークブラウンを二重幅くらいに重ね、アイホールの目頭と目尻にチークを入れ、まぶた中央に②、眉下と下まぶたの目頭に③をプラスします。

明るいピーチブラウンのグラデーションで、さりげなく上品な印象のアイメイク。スプリングタイプの魅力であるキラキラとした瞳を強調し、大人可愛い目元に見せてくれます。

使いやすい構成のピーチブラウン系4色セット。今回は右下のピンクを除く3色で仕上げました。
コフレドール
ビューティオーラアイズ02
ピンクブラウン
¥3,850（編集部調べ）/
カネボウ化粧品

Cheek

アプリコットオレンジのチークで
フレッシュでヘルシーな肌に

アプリコットやコーラルなどオレンジ味のあるチークが似合います。頬骨の一番高い部分からこめかみに向かってふわっとぼかして生き生きとした印象に仕上げましょう。

オレンジみのあるピンクはスプリングタイプの鉄板色。自然なパール感あり。
エクセル　オーラティック ブラッシュ
AB02アプリコットジャム¥1,980/常盤薬品工業

Lip

血色よく見せる
コーラルピンク

スプリングの人の透明感ある雰囲気をアピールして、顔全体をパッと明るく見せてくれるコーラル系のリップ。ツヤのあるグロッシーな質感のリップで、よりナチュラルな雰囲気に。

ツヤ感があるので肌になじんで、肌の透明感を強調してくれるカラーです。
エクセル　グレイズバームリップ
GB07ウォーターメロン¥1,760/
常盤薬品工業

Eyeline

優しい印象のナチュラルブラウン。
ディーアップ　シルキーリキッドアイライナー
WP NP¥1,430/ディーアップ

Mascara

優しい印象のブラウン。
ラッシュノックアウト エクストラボリューム E
モカブラウン¥1,650/イミュ

Summer

仕事編

ピンク系グラデーションで
エレガントな持ち味をアピール！

やわらかいパステルカラーが似合うタイプなので、デイリーメイクにもピンクやラベンダーを選びましょう。

Eyeshadow

ブラックのアイライン＋ローズブラウンの
引き締めカラーで甘さ控えめに

 →

黒のアイラインに重ねて①のローズ
ブラウンをぼかし、アイホールの目尻
寄りに②のピンクを。上まぶた中央
に③を、眉下と下まぶたの目頭に④
をふんわりと。

サマータイプのピンクグラデーショ
ンは、締め色にもローズニュアンスを
入れること。赤みのないダークブラ
ウンを使うとなじんでしまい、引き締
め効果が出にくいので気をつけて。

ピンク＆ローズ系のグラデー
ションが使いやすい4色セット。
エクセル
リアルクローズシャドウCS02
¥1,650/常盤薬品工業

Cheek

ソフトなローズ系チークで
肌の赤みをカバー

肌に赤みのあるサマーの人は、青みのあるローズ系のチーク
で自然な肌色に見せます。強く入れすぎるとチークが目立っ
てしまうので、あくまでふんわりソフトに。

ほんのり青みのあるローズ系のチークカラー
とハイライトカラーのセット。
インテグレートフォルミングチークスRD310
¥1,650/資生堂

Lip

リップもピンク系で統一
スイートな色を選んで

サマーの人の持つ優しげな雰囲気を生か
す甘めなピンクリップがおすすめ。自分の
リップラインに合わせてナチュラルに塗り
ましょう。

色もツヤも万人向けの王道ピンク。
ラスティング　リップカラーN 205
¥528/セザンヌ

Eyeline

くっきりと発色する漆黒ブラック。
ディーアップ シルキーリキッドアイライナー
WP BK ¥1,430/ディーアップ

Mascara

深みのあるブラック。
ラッシュノックアウト エクストラボリューム E
ブラック¥1,650/イミュ

Autumn

仕事編

ブラウン系のナチュラルメイクで
健康的で落ち着いた美しさを

ブラウンベージュ系のメイクもつやつ
やと華やかに見えるのがオータムの
人。ダークブラウンの瞳、ベージュ系
の肌を美しく見せてくれます。

Eyeshadow

ブラウンの濃淡で目元の陰影を
強調するからカッコいい!

  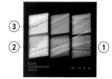

③
②
①

アイラインを①のダークブラウンで
ぼかし、アイホールの目尻寄りと目頭
寄りにチークをプラス。上まぶた中
央に②、眉下と下まぶたの目頭に③
をぼかします。

目の際をアイラインとダークブラウ
ンで引き締めるから、明るいベージュ
系のグラデーションでも目元がぼや
けません。チークを目元にもプラスし
て血色感をプラスして生き生きと。

いろいろな組み合わせを楽しめ
る6色セット。今回は左側2色と
右下の3色を使用。
ケイト
トーンディメンショナルパレット
EX-03 ¥1,980 (編集部調べ) /
カネボウ化粧品

Cheek

ベージュ系でまとめると顔全体の
バランスが整って美人顔に

ベージュ系の肌と相性抜群なオレンジベージュのチークは、
主張しすぎず、肌に溶け込むようになじんで自然な血色感に。
ブラウンの目元、ベージュ系の口元をすっきり見せます。

肌なじみのよいオレンジベージュ。右のハイ
ライトカラーとミックスしてもOK。
インテグレート フォルミングチークス OR210
¥1,650/資生堂

Lip

鉄板カラーは
オレンジベージュ

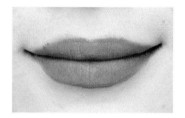

唇に赤みの少ないタイプなので、ヌード
ベージュではなく、オレンジや赤みのある
ベージュを選びます。たっぷりと塗って唇
に存在感を与えましょう。

ツヤを抑えたタイプなので派手にな
りすぎません。
キス クラウド ブロッテッド
リップ カラー
010 ソフト シエナ ¥1,430/ レブロン

Eyeline

優しい印象のナチュラルブラウン。
ディーアップ　シルキーリキッドアイライナー
WP NB ¥1,430/ディーアップ

Mascara

優しい印象のブラウン。
ラッシュノックアウト エクストラボリューム E
モカブラウン ¥1,650/ イミュ

winter

仕事編

凛とした知的なイメージを大切に
大人っぽく頼れる雰囲気のメイク

アイラインをしっかりと入れつつ、
ダークネイビーとアイシーピンクで
クールに決めて。ローズ系のチークと
リップでたおやかな女性らしさを。

Eyeshadow

持ち前の目の強さとのバランスで
すっきり深みのある仕上がりに

①のダークネイビーをアイラインに
重ねてぼかします。チークを上まぶ
たの目頭と目尻寄りにぼかし、まぶた
中央に③、目尻に②を入れます。下
まぶた目頭に④をぼかします。

白目と黒目のコントラストをはっきり
と出すことで目元の存在感を引き出
します。ダークカラーにパールリッチ
な光沢のある明るい色を重ねること
で優しい目元になります。

ダークネイビーとパールピンク
の絶妙なさじ加減で、シックな目
元をつくります。
ルナソル ベルベットフルアイズ
01 ¥5,500/カネボウ化粧品

Cheek

ローズカラーで頬に自然な
血色を添えてやわらかい印象に

アイメイクとリップメイクをつなぐチークもローズ系が似合い
ます。頬骨に沿ってソフトになじませるのがコツ。ウインター
の人は血色が悪く見えがちなので、必ずチークを入れましょう。

血色をよく見せる効果の高いローズチーク。
ヴィセ リシェ フォギーオンチークスN
RD 421 ¥1,650（編集部調べ）/コーセー

Lip

目元の存在感を引き立て
るシアーなローズリップを

目元を生かすために口元はやや引き算感覚
で色みを抑えるか、パールやグロスのツヤ
感で軽やかに仕上げるように心がけると好
感度アップ。

ウインタータイプの肌に溶け込むよ
うになじむローズリップ。
コフレドール
スキンシンクロルージュ RS-341
¥2,970（編集部調べ）/
カネボウ化粧品

Eyeline

くっきりと発色する漆黒ブラック。
ディーアップ シルキーリキッドアイライナー
WP BK ¥1,430/ディーアップ

Mascara

深みのあるブラック。
ラッシュノックアウト エクストラボリューム E
ブラック ¥1,650/イミュ

Spring

プライベート編

ライトグリーン＋イエローで
遊び心のあるキュートな目元に

グリーンやイエローなどの彩度の高い暖色系もメイクに取り入れたい色。持ち前の肌の透明感を強調して清潔感のある雰囲気になります。

Eyeshadow
ピュアなグリーンとイエローで
フレッシュ＆キュートに

ブラウンのアイラインの上に、グリーンをアイラインから少しオーバーするように重ね、さらにイエローをアイホール全体にふわっと重ねます。チークをまぶたの目尻寄りにぼかします。

グリーンとイエローのコンビネーションで目元に涼やかな抜け感が生まれます。上まぶたの目頭と目尻寄りにチークをのせることで顔全体に統一感のあるメイクに。

きめ細かなラメを配合したライトグリーンとイエロー。スプリングの人にぜひチャレンジしてほしい色みです。
RMK インジーニアス パウダー
アイズN 11 ¥2,420/RMK Division
RMK インジーニアス パウダー
アイズN 14 ¥2,420/RMK Division

Cheek
コーラル系を頬中央にふんわりと
丸めにぼかしてキュートに

Lip
ソフトな雰囲気だから
こそ似合うオレンジ

グリーン×イエローのアイメイクと相性のいい明るいトーンのオレンジ系のリップ。唇のふっくら感がフレッシュさをアピール。

ややピンクみの強いコーラルオレンジのチークは、頬骨の高い位置から外へ向かってふんわりと入れます。目元のグリーンと好相性な配色で大人可愛い表情が魅力的。

2色を混ぜて濃度を調整しやすい2色セットのチーク。左のピーチピンクはツヤ肌仕上げに。
ポール & ジョー パウダー ブラッシュ 04「シネマ」
¥3,300 (セット価格) / ポール & ジョー ボーテ

ツヤ感のある仕上がりのティントタイプのオレンジ。
バーム ステイン
040 ランデブー ¥1,310/レブロン

Eyeline

優しい印象のナチュラルブラウン。
ディーアップ　シルキーリキッドアイライナー
WP NB ¥1,430/ディーアップ

Mascara

優しい印象のブラウン。
ラッシュノックアウト エクストラボリューム E
モカブラウン ¥1,650/イミュ

Summer
プライベート編

パープル系のグラデーションで
清潔感と女性らしさの両立メイク

ピンクやラベンダー、パープルも子どもっぽくならずに使えるのがサマーの特徴。上品なエレガントさを保ちつつ、ちょっぴりセクシーなイメージに。

Eyeshadow

締め色のパープルを効かせて
ほんのり上気したような色っぽさを

アイラインに①のダークローズを重ね、下まぶたの目尻寄りにも細く入れます。②のローズをアイホールの目尻寄りにぼかし、③のラベンダーを上まぶた中央に重ね、④を眉下と下まぶた目頭に入れます。

セクシーになりすぎないように、眉の形をやや丸く、眉尻を下げ気味に描くことで、可愛らしい目元に見せます。上まぶたにローズを幅広く多めに重ねるのもポイント。

ローズ系のグラデーションがきれいにつくれる4色セット。
エスト エモーショナル
マルティプルアイズ 17 ¥6,050/
花王

Cheek

優しい薄めピンクで
ふわりとした透明感を

肌に溶け込むようになじむローズのチークは、女っぽくなりすぎないように、頬骨の一番高い所を中心にふんわりとソフトにぼかします。

ソフトにぼかしやすいナチュラルなローズ。
パーフェクトリー ナチュラル ブラッシュ 361
ブロッサム ピンク ¥1,760/レブロン

Lip

ツヤツヤと輝く
キュートピンク

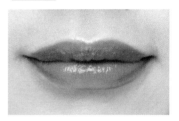

ローズ系の目元を主役にしたいので、リップはキュートピンクで軽やかに仕上げます。唇の中央にたっぷりめに塗ることで唇のふっくら感も強調しましょう。

ツヤのある仕上がりが魅力のピンクリップ。
エクセル
グレイズバームリップ GB02
ピーチタルト ¥1,760/常盤薬品工業

Eyeline

くっきりと発色する漆黒ブラック。
ディーアップ シルキーリキッドアイライナー
WP BK ¥1,430/ディーアップ

Mascara

深みのあるブラック。
ラッシュノックアウト エクストラボリューム E
ブラック ¥1,650/イミュ

Autumn

プライベート編

グリーン×テラコッタでつくる
洗練の華やぎメイク

派手な色もサラリと使いこなせるオータムなので、目元にグリーンをプラスしてアクセントに。トレンドのテラコッタのリップが主役です。

Eyeshadow

グリーンを効かせて
目元に色の遊びを楽しんで

アイラインを①のグリーンでぼかし、②のオレンジをアイホールの目尻寄りと目頭寄りに重ねます。上まぶた中央に③をぼかし、目尻に④を入れます。

アクセントカラーのグリーンを入れる幅は、目を開けたときに少し見えるくらいに調整。オレンジとのハーモニーで、印象的なアイメイクに。

オータムタイプにぴったりの4色を配したセット。
ルナソル アイカラーレーション
04 ¥6,820/ カネボウ化粧品

Cheek

チークは引き算。ほんのり光を
与えるだけで上質な肌感を

目元と唇に強さがあるので、チークはあっさり仕上げでOK。ベージュ系のきらめきのあるチークを頬骨の高い位置にぼかし、メリハリとヘルシーさを与えます。

きめ細かなシルバーパール配合だから、肌に自然なツヤが生まれます。
インテグレート フォルミングチークス BR310
¥1,650/資生堂

Lip

温かみのある
テラコッタの唇を主役に

ベージュ系でも赤みの強いテラコッタ色のリップは、オータムに似合う色。トレンドカラーでもあるので、顔色をよく見せつつ、モードなファッションにも映える口元に。

ゴールドのきらめきをプラスしたテラコッタ色。
ディグニファイド リップス
09テラコッタ ¥3,520/ セルヴォーク

Eyeline

優しい印象のナチュラルブラウン。
ディーアップ シルキーリキッドアイライナー
WP NB ¥1,430/ ディーアップ

Mascara

優しい印象のブラウン。
ラッシュノックアウト エクストラボリューム E
モカブラウン ¥1,650/ イミュ

winter

プライベート編

パールを効かせたアイシーカラーで クール＆ゴージャスなメイク

シルバーやホワイトの輝きのあるアイシーカラーはウインターの人に似合う色。パーティなど華やかなシーンでは、モードっぽいメイクを楽しんで。

Eyeshadow

ダークボルドーとパール感のある
ピンクベージュで華やかに

アイラインを①のダークボルドーで
ぼかし、上まぶたの目尻にチークを入
れます。まぶた中央に②をのせ、その
上と目頭に③を重ねます。

シルバーパール配合のピンクやバイ
オレットを重ねて華やかな目元に。
ブラックのアイラインをしっかり入れ
ることで目元が引き締まります。

きめ細かなパールが上品な輝き
を添えます。
エレガンス ヌーヴェル アイズ
20 ¥6,050/
エレガンス コスメティックス

Cheek

ローズ系のチークを頬骨に沿って
やや高めに入れてフェミニンに

くすみのないライトローズのチークで血色を与え、メリハリのあ
る顔立ちに。自然な立体感が華やかですっきりと小顔に見せて
くれています。

2色を混ぜて好みのローズカラーをつくれる
チーク。
インテグレート フォルミングチークス PK210
¥1,650/資生堂

Lip

グロッシーなツヤ感の
あるローズリップ

アイメイクの華やかさに負けないように
リップもみずみずしいツヤのあるタイプを
選んで。ややアウトライン気味にたっぷり
と塗るとよりゴージャスになります。

うるおったようなツヤ仕上がりの
リップ。
エクセル グレイズバームリップ
GB05カシスロゼ¥1,728/
常盤薬品工業

Eyeline

くっきりと発色する漆黒ブラック。
ディーアップ シルキーリキッドアイライナー
WP BK ¥1,430/ディーアップ

Mascara

深みのあるブラック。
ラッシュノックアウト エクストラボリューム E
ブラック¥1,650/イミュ

似合うヘアカラーで、
メイクの効果がより引き立つ！

Spring
スプリング

肌の透明感と明るい瞳を引き立てる、透けるような明るい髪色が似合います。明るめカラーでも品のよさや可愛らしさをキープ。

 似合うヘアカラー

 ミルクティのように明るいナチュラルブラウン。
リーゼ 泡カラー
ミルクティブラウン
(医薬部外品)
(オープン価格) /
花王

 クリーム系の肌色と相性抜群の明るいベージュ。
リーゼ 泡カラー
カリフォルニアベージュ
(医薬部外品)
(オープン価格) / 花王

 ふんわり軽やかな明るいブラウン。
ビューティラボ
ホイップヘアカラー
クリーミィカプチーノ
(医薬部外品)
(オープン価格) /
ホーユー

おすすめのヘアアレンジ

ゆるふわアップ

ふわふわとやわらかな髪質を生かした無造作なアップヘアがお似合い。おくれ毛を出すとこなれ感が出て女らしさも演出できます。

髪色もパーソナルカラーごとに、それぞれ似合う色が違います。自分の肌の色に
合った髪色を選ぶと、肌を美しく見せるだけでなく、ファッションやメイクとの
トータルバランスも格段によくなります。ヘアカラーを決めるときは、色だけで
なく、明るさもポイント。自分を最も引き立ててくれる色を選びましょう。

Summer

サマー

やわらかなピンクみのブラウンやアッシュ系
のブラウンがマッチ。トーンを抑えたブラウ
ンがサマーのエレガントさを演出します。

 ## 似合うヘアカラー

温もりを感じるナチュ
ラルブラウン。
リーゼ 泡カラー
ココアブラウン
（医薬部外品）
（オープン価格）/
花王

ほんのり赤みニュアン
スで華やかに。
リーゼ 泡カラー
バーガンディブラウン
（医薬部外品）
（オープン価格）/
花王

透明感のあるラベン
ダーニュアンス。
ビューティラボ
ホイップヘアカラー
シアーラベンダー
（医薬部外品）
（オープン価格）/
ホーユー

おすすめのヘアアレンジ

ハーフアップ

誰からも好感度の高いハーフアップが
お似合い。下ろした毛先はアイロンでワ
ンカール巻いて動きを出すとさらに上
品さがアップします。

Autumn

オータム

マットな質感が似合うオータムタイプ。ダークになりすぎないように程よく明るさがあり、ツヤのあるブラウンカラーにしましょう。

 似合うヘアカラー

落ち着いた雰囲気のナチュラルブラウン系。

リーゼ 泡カラー
ダークショコラ
(医薬部外品)
(オープン価格) / 花王

抜け感のあるおしゃれなカーキ。

リーゼ 泡カラー
フォレストカーキ
(医薬部外品)
(オープン価格) / 花王

やさしい雰囲気のウォームブラウン。

ビューティラボ
ホイップヘアカラー
ビターショコラ
(医薬部外品)
(オープン価格) /
ホーユー

おすすめのヘアアレンジ

編み込みまとめ髪

編み込みや三つ編みなどを使ったまとめ髪がお似合い。ナチュラルで落ち着いた雰囲気のオータムタイプの魅力を引き立ててくれます。

Winter
ウインター

黒目と白い肌にマッチして地毛や黒髪が映えるクールビューティ。色みが欲しい人はバイオレットやレッドのニュアンスをプラスして。

 ## 似合うヘアカラー

深いネイビーニュアンスのカラー。
リーゼ 泡カラー
ダークネービー
(医薬部外品)
(オープン価格) / 花王

肌色を引き立てる青みピンク。
リーゼ 泡カラー
クールピンク
(医薬部外品)
(オープン価格) / 花王

アッシュ系のブラウン。
ビューティラボ
ホイップヘアカラー
アッシュショコラ
(医薬部外品)
(オープン価格) /
ホーユー

おすすめのヘアアレンジ

タイトなまとめ髪

メリハリのあるシンプルなまとめ髪やポニーテールがお似合い。ハッキリした顔立ちの多いウインタータイプの華やかさが際立ちます。

メイクは心のビタミン剤
今こそ、カラーメイクを楽しもう

　新型コロナウイルス感染症のパンデミックをきっかけに、世の中はニューノーマル時代に入ったといわれています。働く女性たちにとってもライフスタイルが大きく変化しました。在宅ワークが増え、人に会わないからとノーメイクで過ごしていたり、長引くマスク生活でアイメイクだけになったり、メイクをさぼってしまいがちになる人が増えているようです。でも、夕方ふとノーメイクの自分の顔を鏡で見ると、なんだか暗く見えたり、ぼんやり見えたりしてがっかりしてしまいますよね。

　そんなとき、チークやリップを塗って顔色がよくなると不思議と元気が出たり、オンライン会議のときもアイラインを入れると顔が引き締まって見えて自信を持って発言できたり……。デートのときに似合うアイシャドウで目が輝いて見えたりすると「今日はうまくいく！」と自信が生まれたりします。

　メイクは心のビタミン剤。心が疲れやすいこの時期は、自分自身が元気になるために、メイクというビタミン剤を投入してみましょう。きちんとメイクをしていると、自分自身を大切にしていることを外見的にアピールすることになり、人からも大切に扱われるようになります。

　きちんとメイクをすれば、ＴシャツにＧパンでも、素敵にイメージアップできるようになります。また、リップで顔立ちに彩りを添えたり、チークで小顔に見せたり、ハイライトで肌にツヤ感を出したりと、メイクはイメージチェンジの魔法の道具です。

　私のサロンではパーソナルカラー診断の後に似合う色でフルメイクしていますが、お客様がメイク後に鏡を見て、一瞬のうちに表情が明るく笑顔になるのを何度も見てきています。「自分じゃないみたい！」と何度も鏡を見る方も。きっとメイクの楽しさを実感してくださっているのだと思います。

　この楽しさを自分でも再現できるようになればいいのにといつも願っていました。

　私が考案したメイクテクニックは、フルメイクをしてもメイクが濃く見えません。たとえ間違えて多く塗ってしまっても肌から浮いて見えたりしないのです。色のグラデーションを揃えると視覚的に統一感が生まれ、外見の安定感が高まります。安心してフルメイクしてみてください。

　「メイクは一日にしてならず」です。大切なお出かけのときだけメイクすると、力が入ってうまくいきません。ここぞという場面できちんとイメージアップできるように、日ごろからメイクを練習することが失敗しない秘訣です。

　自転車と同じで、練習すればうまく乗りこなせるようになります。何度も練習して、自分らしさが出るメイクを見つけてくださいね。

PART 3

Color analysis makeup

パーツ別
メイクテクニック

パーソナルカラーにかかわらず、
メイクのテクニックは共通です。
ここで紹介するのは、パーツごとの基本テクニック。
パート1＆2で見つけた
自分のパーソナルカラーを当てはめるだけで、
似合うメイクが完成します。
まず、基本テクニックをマスターすることからスタート！

共通テクニックさえマスターすれば 誰でも美人になれる！

パーソナルカラー別メイクアップでは、難しいテクニックは必要ありません。大切なのは、自分のパーソナルカラーに合わせたメイクアップカラーを選ぶことだからです。アイシャドウのぼかし方やチークを入れる位置が少しくらい違っていても、自分の色を選んでいれば、絶対に美人度は上がります。それがパーソナルカラー別のメイクアップなのです。

とはいえ、「そのテクニックが難しいのです」とおっしゃる方がたくさんいます。この章では、9000人以上もの方を指導してきた経験から編み出した、オリジナルのメイクテクニックをお教えします。一度覚えてしまえば、誰にでも簡単にできるテクニックですから、自分のパーソナルカラーに合わせたコスメを使って実践するだけで、その人に似合うメイクに仕上がるのです。鏡の持ち方や顔の角度、ツールの選び方と使い方など、細かく紹介していますので、必ずできるようになります。

もしもうまくできないという方がいらっしゃったら、毎日毎日、何度も繰り返してみてください。「習うより慣れろ」という言葉がありますが、少しずつコツがわかってきて、上手にできるようになり、ある日、鏡の中にメイク上手のあなたがいるはず。周りの人からもきれいになったねと言われることでしょう。

さあ、早速レッスンを始めましょう。

[美人になるための⑧STEP]

ベースとなる肌づくりから、ポイントメイクまで、パーツごとにしっかりと仕上げていくことが美人への近道です。誰でも失敗せずにきれいになるためには、メイクする順番も重要です。長年のメイクレッスンで培ったオリジナルのテクニックを紹介します。

STEP 01　ベースメイク
肌の悩みをカバーしながら透明感のある肌に仕上げる

⇩

STEP 02　アイライン
アイシャドウよりも先に引くことでガタつきを防止

⇩

STEP 03　アイシャドウ
色の効果を最大限に生かして印象的な目元に

⇩

STEP 04　マスカラ
まつ毛に自然なボリュームを与え、目を大きく見せる

⇩

STEP 05　アイブロウ
なりたい顔をつくる正しい眉の描き方をマスター

⇩

STEP 06　リップ
直塗りでナチュラルに仕上げる

⇩

STEP 07　チーク
大きめブラシでふわっと発色させる

⇩

STEP 08　ハイライト
立体感とツヤを与えてメリハリ顔に

今日はどんな自分でどこへ行く？
気分に合わせたメイクを楽しもう

「メイクが苦手」
「どんなメイクをしたらいいかわからない」
「いつも同じメイクになってしまう」
「できるなら、すっぴんで過ごしたい」
「メイクすると派手な印象になってしまう」
「せっかくメイクしても素顔と変わらない」
　パーソナルカラー診断＆メイクレッスンでよく聞くお声です。社会人の身だしなみとして仕方なくメイクしているという人が意外と多いのです。でも、それはとてももったいないこと。もっとメイクを自由に楽しんでほしいといつも思っています。
　では、メイクを楽しむためにはどうしたらよいのでしょうか。それには、今日メイクをする目的を決める、なりたい自分をイメージすることです。

どんな服を着てどこに行く？ 誰と会って何をする？
目的に合わせてメイクを変えるクセをつけましょう

　例えば仕事へ行くときのメイクを考えてみましょう。もちろん、業種によってファッションもメイクも変わってくるでしょう。同じ接客業だとしても、金融関係と百貨店勤務では求められるイメージが異なります。決して決まりではないのですが、それぞれの仕事にふさわしい服装やメイクがあるのではないでしょうか。そのうえで、自分の好みやなりたい印象を大事にして、自分を一番輝かせてくれるメイクを見つけていければいいと思います。
　メイクをもっと楽しむためには、まず、その服を着て、どこへ行くのか？　誰と会って何をするのか？　そこから考えて、目標値を決めてからメイクを始めるといいですね。
　友達と飲みに行ったり、デートで食事に行ったり、あるいは旅行に行ったり……。ファッションも気持ちも、仕事のときとは違うので、メイクも変えたくなります。変えた方がおしゃれで素敵に見えます。いつも同じメイクになってしまうというのは、どこで何をするかをあまりイメージしていないからかもしれません。
　パーソナルカラー診断で、自分を素敵に見せてくれる色がわかったら、今度はそれを使ってどんな印象になりたいのかをイメージしながら、メイクをしてみましょう。

［ まずは、なりたい自分をイメージしよう！ ］

　メイクでなりたい女性像はどれですか？　ビジネスシーンとプライベートシーンでは異なるでしょうし、ファッションやヘアスタイルでも変わるでしょう。「フェミニン」「キュート」「クール」「エレガント」の４パターンのなかで目指したいイメージはどれに近いですか？

　パーソナルカラーと合わせて自分の持ち味と、シーンに合わせた「なりたい自分」によってメイクを楽しんでください。顔のイメージを最も印象づけるのは「眉の形」。なりたいイメージを強調するには、眉の整え方と描き方にこだわりましょう。

feminine

女性らしく上品で落ち着いたイメージ

眉の形 | やや長めでやわらかなカーブ

cute

可愛らしく、ガーリーな雰囲気

眉の形 | 短めでやや曲線的

cool

知的で大人っぽいイメージ

眉の形 | 直線的で眉山がきちんとある

elegant

優雅で洗練されたイメージ

眉の形 | 長めで眉尻をしっかり描く

メイクを始める前に
知っておきたいこと

メイクの仕上がりや崩れにくさと大きく関わるのがメイク前のスキンケア。土台となる素肌がしっとりなめらかに整っていると、カラーメイクも一段ときれいに映えます。とはいえ、人間関係や仕事のストレスなどで大人の肌はコンディションが乱れることも多いもの。少しでもよい状態にスキンケアで整えましょう。

まず、化粧水を含ませたコットンで軽くパッティング。水分を行き渡らせるとともに、毛穴を引き締めます。このステップを丁寧に行うことで、皮脂崩れや乾燥崩れが予防できます。そして、メイク中の肌が乾燥しないように、油分を含む乳液・クリームでうるおい補給。肌がふっくらとうるおいに満ちたらメイクを始めましょう。

［ メイクをするときの注意点 ］

Point
1 洗面所でメイクするのはやめましょう

NG

顔を洗ってそのまま洗面所でメイクをする人も多いと思いますが、洗面所は家の中でも暗い場所にあることが多いもの。自然光の入る広い洗面所ならまだいいのですが、暗い洗面所でメイクをすると、バランスが崩れてしまったり、厚塗りになってしまったりとメイクを失敗する原因に。明かりをつけても照明の色に影響されて、本来のコスメの発色がわかりにくくなるので注意が必要です。

2 手鏡を持ってメイクしましょう

メイクをするときの必需品、鏡。両手が使えるからとテーブルの上に置くタイプのものを使っている人が多いようですが、置き鏡だと角度が固定されてしまうので、パーツによってはメイクしにくいもの。利き手でない方の手に手鏡を持ち、利き手でメイクするのを習慣に。サイズは10センチ四方くらいを目安に、丸形でも角形でもOK。

3 明るい方に向かって座りましょう

ライティングですが、一番のおすすめは自然光。窓に向かって座り、正面から光を受けるのがベストです。自然光がない場合は、自然光タイプのライトを選び、やはり正面から光を受けるようにセッティングしましょう。後ろから光を受けると顔が暗くなってしまうので避けましょう。

BASE MAKE-UP

明るく透明感のある
ベースのつくり方

毛穴やキメの乱れ、シミやくすみなど、気になる肌悩みはきちんとカバーしつつ、厚塗り感のない理想の肌に。ベースメイクで目指すのは、まるで素肌そのものがキレイになったように見える明るく自然な肌です。そのためには、ファンデーションだけでなく、下地＋ファンデーション＋フェイスパウダーの3ステップが基本です。

肌のトーンを整える化粧下地
万能おすすめカラーはピンク

肌の色ムラや毛穴の凹凸などを整え、ファンデーションのノリと持ちをよくする効果がある化粧下地。ピンク、ホワイト、ブルー、パープルなど色みでカバーするタイプや、保湿成分や皮脂吸着成分、ソフトフォーカス効果などの配合微粒子でカバーするものなど、さまざまな機能を持つタイプがありますが、肌質や肌悩みに合わせて選ぶのが正解。ブルーベース（サマー・ウインター）の人はピンク・ラベンダー・ブルー系の下地を、イエローベース（スプリング・オータム）の人はイエロー・オレンジ系の下地がおすすめです。イエローベースの人でもピンクの下地しか出していないブランドを愛用しているという場合は、ピンク下地を使ってもOK。ピンク下地はどんな肌でも明るくトーンを整えてくれるので、安心して使ってくださいね。

· Recommend ·

ピンク系の下地は血色のよい明るい肌に整えます。
コントロールベイス（ピンク）¥3,080/イプサ

肌のくすみやシミ・ソバカスのカバーにはイエロー系。
コントロールベイス（イエロー）¥3,080/イプサ

［肌にピタッと密着塗り！］

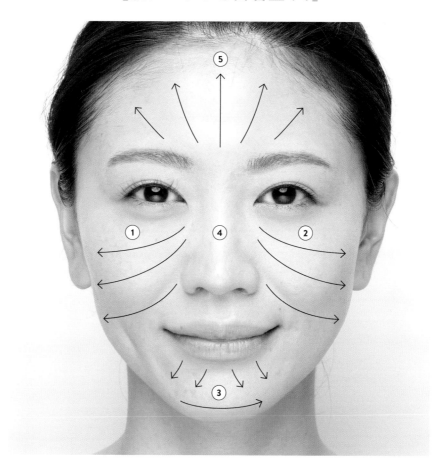

ココに出す！

手の甲の親指の付け根に1.5〜2センチ出します。このとき、利き手でない方の手に出して手鏡を持ち、利き手の中指の腹で端から取り、顔にのばします。

化粧下地は塗りすぎないことが肝心です。量が多すぎるとベタついたり、次に塗るファンデーションが滑って持ちが悪くなることも。顔の中心から外側に向かって、①〜⑤の順に中指の腹の第2関節までを使ってスーッスーッと手早く薄くのばします。

リキッドファンデーションと
フェイスパウダーなら、
時間が経っても崩れにくい！

さまざまなタイプのファンデーションがありますが、リキッドファンデーションとフェイスパウダーで仕上げるのが一番崩れにくくきれいに仕上がります。リキッドファンデーションの魅力は、素肌を底上げしてくれるようなナチュラル感。塗り方次第でカバー力アップも簡単にコントロールできます。

Point 1
リキッドファンデーションは
首の肌色に合わせて選ぶこと

ファンデーションの色選びは、自分の肌色に合わせて選びます。このとき、頬の色に合わせて選びがちですが、首の色に合わせて選ぶようにします。顔よりも首の方が少し暗いので、首に合わせることでフェイスパウダーをつけたときに顔だけが白浮きすることがなく、自然になじみます。

Point 2
フェイスパウダーは必需品！
化粧崩れ防止にも

リキッドファンデーションだけで、フェイスパウダーを使わず、ツヤ肌に仕上げるというベースメイクも流行しています。しかし、雑誌の撮影などのときならともかく、実際に通勤電車に乗ったり、1日中オフィスで過ごすときはどうでしょう？　夕方には崩れてしまうのではないでしょうか。また、長時間マスクをして過ごすことの多い毎日、マスクへの色移りを防止するためにも、フェイスパウダーでサラサラに仕上げておくことがおすすめです。

Point 3
フェイスパウダーは
肌よりワントーン明るめを

フェイスパウダーはやや明るめの色を選びます。少し時間が経って、先に塗ったリキッドファンデーションや自分の皮脂と混ざると、やや色が濃くなります。夕方のくすみが気になる人は、ブランドの中で一番明るいパウダーを選んでください。夕方まで透明感が続く肌がつくれます。パウダーを付けた後にしっかりフェイスブラシで払えば白浮きする心配はありません。

タイプ別ファンデーションを
用途に合わせて使い分けるには…

リキッドファンデーション ＋ フェイスパウダー

・ *Recommend* ・

毛穴やキメを光で補正して
透明感のある仕上がりを叶
えるリキッド。
リテクスチャリング
ファウンデイション ¥4,950/
イプサ

きめ細やかな美しい肌に仕
上げるパウダー。長時間な
めらかな肌をキープ。
アメリーフェアリーダスト
¥5,500/ワトゥサ

リキッドファンデーションの色選びのポイント

色の種類が多くて迷ってしまうリキッドファンデーション。また下地とファンデー
ションとフェイスパウダーの色の合わせ方は案外難しいもの。自分で判断できな
いときは、美容部員さんに作りたい肌の印象（透明感・マット系・つや肌など）を相
談して、下地・ファンデ・パウダーを同じブランドで揃えると失敗がありません。

パウダータイプファンデーション

・ *Recommend* ・

フェイスパウダーを使わなくても1品で仕上が
るパウダータイプ。手早く仕上がるので便利で
すが、仕上がりの美しさは、リキッド＋フェイス
パウダーには敵いません。化粧ポーチに入れて
持ち歩き、外出時の化粧直しに使うにはとても
便利です。

空気のように軽やかな
つけ心地。2色使いで
素肌に限りなく近い仕
上がりに。
パウダーファウンデイ
ション（N 101）¥1,440/
イプサ

BBクリーム

・ *Recommend* ・

化粧下地が不要で、スピーディーに仕上がるの
が人気のBBクリーム。薄付きナチュラルな仕上
がりが特徴で、残念ながら肌悩みをカバーする
効果は控えめです。メイクする時間がないときや
休日のナチュラルメイクなど、用途に合わせて使
い分けるのがおすすめです。

1品7役で気になる肌
悩みをカバー。シル
キー発光ベールできめ
細やかなシルク肌に。
インテグレート
グレイシィプレミアム
BBクリーム
¥1,320/資生堂

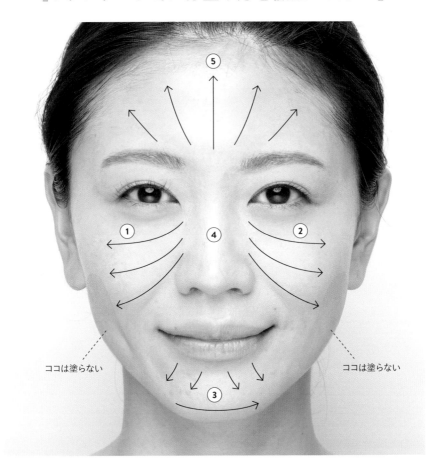

ココは塗らない

ココは塗らない

ココに出す！

手の甲の親指の付け根に1.5〜2センチ出します。このとき、利き手でない方の手に出して手鏡を持ち、利き手の中指の腹で端から取り、顔にのばします。

ファンデーションを中指の腹に薄く取り、①〜⑤の順に、矢印に沿ってのばしていきます。それぞれの矢印の始まりにのせて、そこからのばすようにすることで、最初にのせたところにファンデーションが多くのって明るくなり、外側が薄くなるので暗くなり、自然と立体感のある仕上がりになります。

Technique

① 頬と目の周り

目頭の下側を起点に外に向かって薄くのばします。その後、下の写真のように目を開けて視線を上にし、目の下ギリギリとまぶたの上にも。ファンデを中指に取り足し、逆側も同様に。

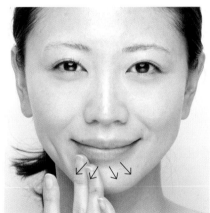

② あご

下唇の下を起点に外に向かってのばします。最後にあごのラインに沿って横になじませます。唇の色が悪い人は唇まで塗ると、後につけるリップの色がきれいに発色します。

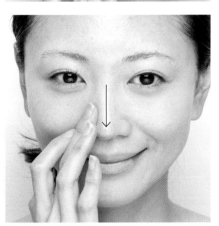

③ 鼻すじ〜小鼻周り

ごく少量を取り、鼻の付け根から鼻すじに沿ってなでおろすように、中央、左右と塗ります。指先に残った分で小鼻のくぼみにフィットさせるようになじませて。

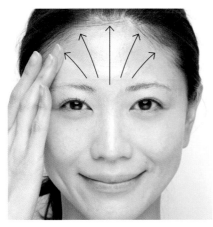

④ 額

眉間から髪の生え際に向かって矢印のようにのばします。髪の生え際までしっかりとなじませましょう。

⑤ 眉毛と目の周り

ごくごく少量を指先に取り、まぶたや目頭のくぼみになじませます。

●眉の形を変えたいときは、あらかじめファンデーションで眉を消しておくと、眉のアウトラインを描くときにラクになります。

●コンシーラーを使わない場合、目頭のくぼみやまぶたのくすみが気になるところにファンデを少し足すといいでしょう。

肌トラブルは
ファンデーションの
重ね塗りでカバー

ニキビやシミ・ソバカスなどはコンシーラーで隠すよりも、ファンデーションのスポット塗りで隠す方が自然です。時間が経っても、カバーした部分が浮くことなく目立ちません。

ニキビができているとき

ニキビの赤みを点状にカバーするには、カバーしたい部分に広げすぎずにのせます。

シミを隠したいとき

シミなどやや面積があるときは、指先でトンとのせ、その周囲をふわっとぼかすようにします。

［コンシーラーで顔立ちに立体感をプラス］

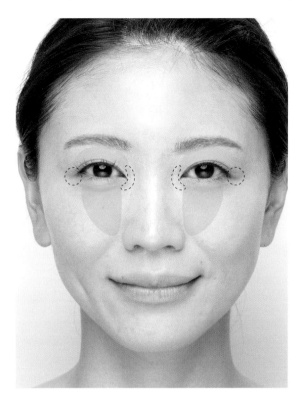

コンシーラーは、シミやニキビのカバーには使いません。くすみや影を消して、顔に立体感やメリハリを出すために使います。普通の肌色やダークトーンは避け、肌色系のなかで一番明るい色を選びましょう。目頭から頬の中央までのゴルゴラインと目尻の茶グマ部分はしっかりカバー。

・ *Recommend* ・

汗水に強く、カバー力抜群なのに自然な仕上がり。
スーパーカヴァー
ファンデーションスティック
(no150) ¥3,300/ワトゥサ

まぶた

まぶたの茶ぐすみカバーに。内から外へ、一方方向に優しく塗ります。

目の下

目頭からゴルゴラインに沿って塗り、優しくなじませます。

目の下の三角ゾーン

目頭の下から小鼻に向かって、次に目尻の下から小鼻に向かってなじませて明るく見せます。

フェイスパウダーは
たっぷりとつけて崩れ防止

小鼻周りや口元、また目の下ギリギリなど、細かい部分にきちんと塗るためにはパフを使うのがおすすめ。たっぷりつけてから余分なパウダーをブラシで払うことで、崩れにくいベースメイクに仕上がります。

(· **Recommend** ·)

きめ細やかな美しい肌に仕上げるパウダー。長時間なめらかな肌をキープ。
アメリー
フェアリーダスト
¥5,500/ワトゥサ

顔全体
パフを押し付けるようにつけます。顔の外側部分はつけなくてOK。

目の周り
パフを立てるように使い、目頭、目尻など、目の際ギリギリまでパウダーをつけます。

小鼻の周り
パフを立てるように使い、小鼻のくぼみなどにフィットさせるように塗ります。

仕上げのブラッシング
たっぷりつけたパウダーの余分な粉を払います。大きめのフェイスブラシで、顔の中心から外に向かって軽く掃くようにします。

立体感＆透明感のある
自然なベースメイクが完成！

隠したい肌のノイズはきちんとカバーしながら、厚塗り感のない自然
な仕上がり。**下地→リキッドファンデーション→コンシーラー→フェ
イスパウダー**で丁寧に仕上げた肌は、時間が経っても崩れにくく、色
移りする心配もありません。

EYELINE

目元の印象を決める アイラインの描き方

矢吹流パーソナルカラーメイクでは、ポイントメイクの一番最初にアイラインを描きます。アイラインを最初に描くメリットは、第一に目の形が決まるのでイメージをつくりやすいこと。第二に、苦手な人が多いアイラインも、上からアイシャドウを重ねてぼかすので、多少ラインがガタガタしていてもカバーできること。後でぼかすことを考えて、太めに入れて大丈夫です。目が大きく見えます。

にじみにくく、キリッと描ける リキッドタイプをセレクト！

リキッドタイプのアイライナーというと難しそうと思うかもしれませんが、ペンシルタイプよりもにじみにくく、しっかりしたラインが描けるのでとても便利です。また、リキッドタイプは固まるとプラスチックのような質感になり、レフ板のように目に反射して瞳をキラキラ輝かせてくれる効果も。スプリング、オータムの人はダークブラウンを、サマー、ウインターの人はブラックを選ぶようにしましょう。

上手に描く決め手は鏡の持ち方 あご上げ＆眉上げを実践して！

手鏡を顔のやや下に持ち、あごを上げて目線を下げるように鏡を見ます。このとき、眉をグッと上げるようにしてまぶたの皮膚をのばすと、まつ毛の生え際やまつ毛とまつ毛の隙間がはっきり見えてアイラインが描きやすくなります。

· *Recommend* ·

イエローベースにおすすめ。優しい印象のナチュラルブラウン。
ディーアップ　シルキーリキッドアイライナー
WP NB ¥1,430/ディーアップ

Technique

① 目頭から中央へ

目頭から中央に向かって、ライナーの先を少しずつ動かしながらまつ毛とまつ毛の間を埋めるように描きます。目頭は1㎜あけて描くと、時間が経ってもにじみにくくなります。

② 目尻から中央へ

目尻から中央に向かって、①と同様に描きます。目尻は少し長めに描くのが、目を大きく見せるポイント。目を開けたときに見えないという理由で目尻にしか描かない人がいますが、黒目の上にアイラインがあると、瞳に反射してキラキラ見えるので必ず入れましょう。

③ 目頭から目尻へ

もう一度、目頭から目尻に向かって描いて、①と②で描いたラインをなめらかにつなげましょう。

完全に乾くまで瞬きをガマンして。乾きの速いアイライナーを選び、手でパタパタとあおいでしっかり乾かしましょう。

アイラインの描き方

目元の印象を決めるアイラインは、どこを太く描くか、目尻の長さと形をどうするかでイメージをコントロールできます。自分に一番似合うラインを研究してみてください。

───────────(二重さん)───────────

cute キュートな印象

目の中央に
丸みを持たせて

黒目の上を太く、全体に丸みを持たせたライン。キュートでガーリーな印象を与える丸い目をつくります。

cool クールな印象

目尻をスッと長めに
ハネ上げる

目尻を長くのばしてシャープな印象に。長さやハネあげる角度は自分の目の形に合わせましょう。

---（ 奥二重さん ） & （ 一重さん ）---

ᴄute キュートな印象

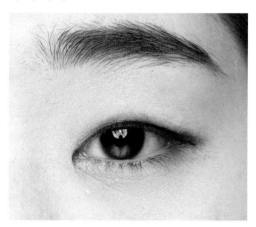

中央に丸みを持たせて
目尻ものばす

中央に丸みを持たせると瞳が大きく見えます。アイラインがすべて中に入ってしまうので、目のつなぎ目より目尻を長く描きます。

ᴄᴏᴏl クールな印象

目の形を生かして
目尻をのばす

目を開けたときにラインが目立たなくなりがちなので、しっかり太めに入れ、目尻は下がらないように長めに。目を開けた状態でチェックしながら太さをコントロールしましょう。

EYESHADOW

優しげ美人をつくる アイシャドウテクニック

濃淡のグラデーション＋チークカラーでつくる自然な陰影のある目元が、矢吹流のアイシャドウの入れ方です。このテクニックは、パーソナルカラーにかかわらず共通。それぞれのパーソナルカラーに合わせて選んだアイカラーとチークカラーを使ってアイメイクをしてください。

まず、入れる位置を確認！

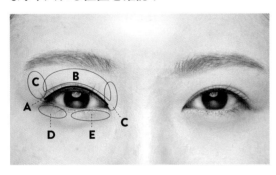

A 目の際にアイラインに重ねて一番濃い色

B アイホール全体に明るい色

C アイホールの目尻寄りと目頭寄りにチークカラー

D 下まぶたの目尻寄りに中間色

E 下まぶた目頭寄りに明るい色

(• Recommend •)

ベージュとオレンジで目元にナチュラルな立体感を。
ルナソル
スキンモデリングアイズ02
¥5,500/カネボウ化粧品

ふんわりぼかせるマットタイプのオレンジ。
マット パウダー ブラッシュ
106 ¥1,760/レブロン

小と中のアイシャドウブラシを使って

付属のアイシャドウチップを使用してもいいのですが、ぼかしやすくグラデーションがつくりやすいアイシャドウブラシがおすすめ。広い部分にぼかすには中サイズ、ライン状に細く入れるには小サイズ。この2本があれば万能です。

Technique

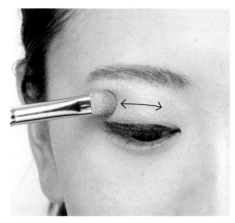

① アイホールに ハイライトカラー

最初に入れたアイラインにかからない
ようにしながら、アイホール全体に❶を
ぼかします。

② 目の際に濃い色

❷をアイラインに重ねて、アイラインを
なじませるようにぼかします。

③ 下まぶたに中間色

下まぶたの目尻寄り1/3くらいに❸を
細くぼかします。

④ 下まぶた目頭に明るい色

目頭を囲うように❶を細く入れます。下まぶたは目頭寄り1/3くらいまでに。

Point

⑤ アイホールの目尻側にチークを

チークを中ブラシに取り、アイホールの目尻側の骨格に沿って入れます。さらにその外側にクルクルと円を描くようにぼかします。

⑥ アイホールの目頭側にもチークを

目頭側にもノーズシャドウを入れるように、チークを淡くぼかします。

⑦ まぶた中央に 明るい色

目を閉じたときに黒目の上の部分に❹
のメインになる明るい色を重ね、目元に
自然なきらめきと立体感を与えます。

Finish!

自然なグラデーションが目元に優しい陰影を与えるアイ
メイクの完成です。チークカラーを目元にも使うことで、
表情がグンと明るくなり、統一感が生まれます。

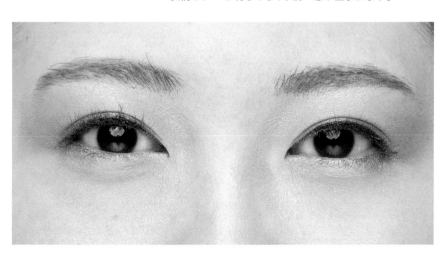

MASCARA

自然な目ヂカラをつくる
ビューラー＆マスカラ

ビューラーでまつ毛を上げ、マスカラでまつ毛を濃く長くすることで、
目元に深みが生まれ、目を大きく見せることができます。ただし、やり
過ぎは厳禁！　あくまでもナチュラルが大人の目ヂカラです。

(• Recommend •)

優しい印象のブラウン。
ラッシュノックアウト
エクストラボリューム E モカブラウン
¥1,650/ イミュ

Technique

① ビューラーでまつ毛を
しっかりあげる

アイラインを描くときと同様に手鏡を
顔のやや下に持ち、あごを上げて目線
を下げる。ビューラーでまつ毛の根元
をしっかりとはさみ、カールします。

② 根元から持ち上げるように塗る

マスカラのブラシをまつ毛の根元にしっかりと当て、毛先へ向かってスッと抜くように塗ります。

③ 目尻側にたっぷりと

切れ長の大人っぽい目元にしたいときは、目尻側のまつ毛にたっぷりと重ね塗り。キュートな印象にしたいときは、中央部分にたっぷりと塗りましょう。

④ 下まつ毛はブラシの縦使い

下まつ毛はブラシを縦にして先端を使って、まつ毛1本1本を塗るようにします。

EYEBROW

顔の印象を決める!
眉の形と長さ

顔全体のイメージを決定づける眉は、メイクのなかでも最重要ポイント。眉の形次第で可愛らしくも、エレガントにもイメージを変えられます。もともとの自分の眉を生かしつつ、なりたいイメージに合わせて、形を整え、描き足しましょう。また、眉の形や長さは、メイクのトレンドを色濃く反映します。美容雑誌などをこまめにチェックして、古くさくならないようにしたいものですね。

短い ←────────────────

cute キュート

短めでやわらかな曲線。眉山が目立たないように、ふわっとやわらかい感じに仕上げるのがいいでしょう。

natural ナチュラル

自然なカーブを描き、長さも、太さも中間くらい。眉尻を細くせず、パウダーなどで自然に仕上げる。

feminine フェミニン

少し長め。フラットながら少しカーブ
をつける。上下のアウトラインの線を
残して流れるような印象に。

---→ 長い

cool クール

少し長め。眉頭から眉山までを直線に
描く。眉山をくっきりとして、アウトラ
インをシャープでキリッと描く。

elegant エレガント

かなり長め。眉頭と眉山に少し高低差
を付けて、アウトラインを直線で描き
眉尻はシャープに細目で。

まずは眉の正しい位置をチェック！

正面　眉には黄金バランスという基本があります。
正面を向いた状態で、自分の眉をチェックしてみましょう。

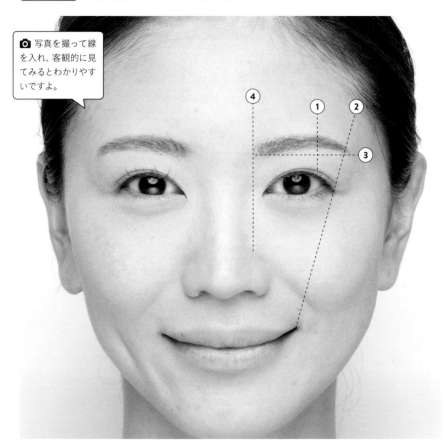

📷 写真を撮って線を入れ、客観的に見てみるとわかりやすいですよ。

チェックポイント

手鏡を顔の正面に持ち、眉毛の位置を確認してみましょう。手鏡を正面に、少し顔を上げてみると、眉山の位置や眉頭のスタート位置が左右で同じになっているかを確認できます。

① 眉山の位置

眉山の基本の位置は、外側の白目の真ん中の延長線上。

長めの眉を描くときは、眉山は外側に移動します。エレガントなイメージの長い眉にしたい場合、目尻の端の延長線上に眉山がくるようにします。

② 眉尻の位置

唇の口角と目尻をつないだ線の延長線上が基本。それより長いか短いかで眉の長さが決まります。92ページのなりたいイメージに合わせて長さを調整してみましょう。

横顔 眉尻の長さは横顔で確認。描き終わった後も、横顔チェックは重要です。

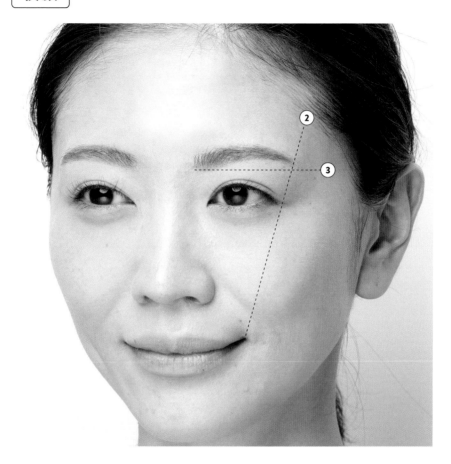

③ 眉尻の高さ

眉頭からこめかみ方向に平行に延ばした線より上にくるようにします。この線よりも眉尻が下がってしまうと泣き顔っぽい下がり眉。眉尻を下げすぎると顔全体が下がって見える原因に。

④ 眉頭の位置

小鼻の付け根の延長線上が基本。これより内側にあると求心的で強くキツく見えやすく、これより外側にあるとぼやっとして子どもっぽい印象になります

●眉頭から眉尻に向かって徐々に細くします
●眉頭と眉尻をぼかすように描くとナチュラルな印象に、眉尻をしっかり描くと美人度がアップします。

これで失敗しない！
基本の眉の描き方

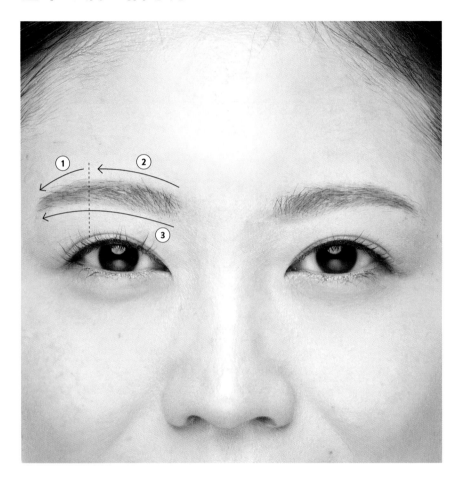

眉の位置をチェックして、眉山、眉尻、眉頭の位置を決めます。そして、それに沿って、まず、眉の上側のアウトラインを描いてみましょう。上のアウトラインに合わせて下側にアウトラインを描きます。アウトラインから出ているのはムダ毛です。ハサミでカットして形を整え、毛の薄い部分をアイブロウペンシルで描き足していきます。

- Recommend -

おすすめはペンシル
アイブロウペンシルは、ブラウン系がベスト。グレー系だと黒々としてしまい、浮いてしまいやすいからです。

繊細な眉も描きやすいペンシル。
エクセル パウダー＆ペンシル アイブロウ
EX ¥1,595/ 常盤薬品工業

Technique

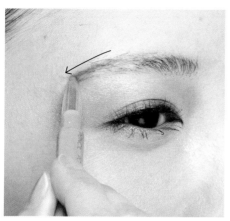

① 眉山の位置を決め、眉山から眉尻のラインを描く

まず上側のアウトラインを描きます。なりたいイメージに合わせて眉山と眉尻の位置を決めたら、眉山から眉尻に向かってラインを描きます。94ページの③のラインよりも眉尻が下がらないように注意しましょう。

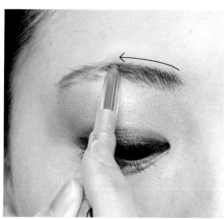

② 眉頭から眉山へ向かってラインを描く

眉頭の位置を決め、眉頭から眉山へ、①で描いた眉山とつながるように描きます。曲線を描くときは、小指を頬に固定してワイパーを動かすように描くとブレずに自然なラインが描けます。

クールなイメージにしたいときは直線になるように、優しい・可愛いイメージにしたいときはラインを少し曲線になるように描いてみてください。

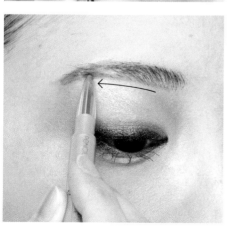

③ 下側のアウトラインを描く

②で描いた眉の上側のラインにカーブを合わせて、眉の下側のラインを描きます。上下のラインが眉尻の位置できちんとつながるようにすること。先に眉のアウトラインを描くと、失敗しても綿棒で消して描き直しができます。

④ アウトラインから はみ出たムダ毛をカット

上下のアウトラインからはみ出た毛は
すべてカット。毛抜きで抜いてしまうと
後で生えなくなったり、肌が赤くなった
りするので、専用の眉ハサミでカットす
るのが正解。眉ハサミは先端がカーブ
しているので、そのカーブを肌に沿わせ
ると根元からきれいにカットできます。

Point

左側の眉をカットするときは、手
首を回転させるようにして、外側
からハサミが当たるようにします。
毛流れの反対側からハサミが入る
ようにしましょう。

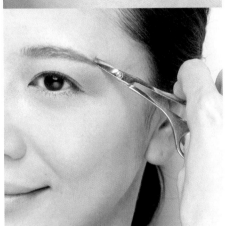

⑤ 眉の隙間を埋める

眉毛の生えていない部分を、アイブロウ
ペンシルで毛を1本1本描くようにして
埋めていきます。

⑥ スクリューブラシでとかす

描き終わったら、スクリューブラシで眉の毛流れに沿ってとかし、描いた眉をぼかします。描きっぱなしにしないでなじませることで、もともと生えている眉のように自然な仕上がりに。特に眉頭を自然にぼかし、眉尻はぼかさずシャープに仕上げるのが美人眉の決め手です。

⑦ 眉マスカラで整える

毛流れに沿って眉マスカラでとかし、毛流れを整えます。イエローベースの人は黄みブラウン、ブルーベースの人はアッシュブラウンがおすすめです。

ひと塗りでしっかり発色する眉マスカラ。
左:キャンメイク カラーチェンジ
アイブロウ　マロンブラウン
¥550/井田ラボラトリーズ
右:キャンメイク カラーチェンジ
アイブロウ ココアブラウン
¥550/井田ラボラトリーズ

Finish!

左右のバランスの取れた美しい形の眉の完成。長さも太さもナチュラルな美人眉になりました。

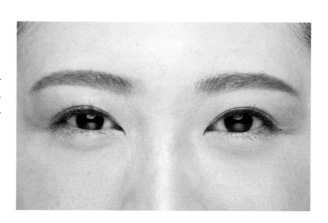

似合う眉を知る

基本的な眉の描き方をマスターしたら、自分の顔立ちやなりたいイメージに合わせて一歩進んだ眉メイクにチャレンジしませんか？　ポイントは長さとカーブをコントロールすること。顔の印象を決める眉だからこそ、上手にアレンジすれば、メイクがもっと楽しくなることうけあいです。

丸顔の人	ベース形の人
顔のサイドにスペースができないよう、 長めの眉に	エラが目立たないよう、 長めの眉に

Point

● 全体に長くする
● 眉山の位置を目尻寄りにする

クールに見せたい場合	眉頭から眉山までの上下のラインを直線にする

優しい印象にしたい場合	眉頭から眉山までの上下のラインを曲線にする

面長の人	逆三角形の人

頭が大きく見えないよう、
短めの眉に

額が大きく見えないよう、
短めの眉に

Point

- 全体的に短めにする
- 眉山の位置を黒目の外側の延長線上くらいやや内側に

その描き方はNGです！
眉のありがちな失敗例

もともとの形や毛の生え方、骨格や顔筋によっても眉の形は人それぞれ。
顔だけでなく、その人のイメージまでも左右するので、NG眉からの脱却を目指して！

失敗例 1

左右の眉頭が近すぎる

顔立ちが求心的な印象を与え、抜け感のない、大きな顔に見えてしまいがち。

失敗例 2

左右の眉山の位置が違う

左右の眉の形にいちばん影響を与えるのが眉山の位置。顔全体までアンバランスに。

失敗例 3

ハの字形の下がり眉

眉頭から眉尻に向かって下がった眉は、さみしそうな泣き顔に見えるので要注意。

失敗例

眉山から眉尻まで下がらずに
つり上がっている

眉頭からカーブがなく、眉全体がつり
上がっているため、怒っているような
印象に。

失敗例

眉毛が髪色と合っていない

髪色と眉の色をリンクさせないと眉だ
けが目立ったり、逆に存在感がなく
なったり。

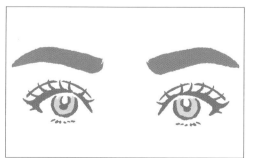

失敗例

眉毛が濃すぎる

濃すぎ眉、太すぎ眉は垢抜けない印象
に。濃さと形を整えてすっきりさせま
しょう。

LIP

リップは直塗りで
簡単に！

パーソナルカラーに合わせて選んだリップカラーなら、どんな塗り方をしても肌から浮くことはなく美しく見せてくれます。最近の主流は、リップラインを強調せずに、自然に塗ること。リップブラシやリップペンシルで輪郭をきちんと描くなどのテクニックは不要です。ササッと直接塗るのがナチュラルで素敵！

［直塗りならではのナチュラルリップ2パターン］

（美人系）を目指すなら

（可愛い系）を目指すなら

口角塗り

「ままま」塗り

口紅の縁を利用して、リップラインに沿って口角からヤマに向かって塗る方法。簡単だけどリップラインがきれいに決まるので、ちょっとおしゃれしたい日や、濃い口紅を選んだときはこのテクニックで。

リップラインなどに関係なく、ふわっと色を楽しみたいときは、唇中央にリップを塗り、上下の唇を「ままま」と合わせるだけでOK。カジュアルファッションのときや休日などリラックスして過ごす日に。

直塗りはリップの先端を
リップラインに合わせればスピーディー

Technique

**① まず下唇は
口角から中央へ**

口角にリップをピタッと当て、中央に向かって塗ります。次に、逆側の口角から塗り、中央でつなげます。

**② 上唇は
ヤマから口角へ**

リップの先端をヤマに合わせ、そのまま口角へ。逆側も同様にヤマから口角へと塗れば形よく仕上がります。

リップの2色使いでふっくら立体唇に！

全体を塗った後、上下の唇の中央に異なる色を重ねるだけで、立体感と奥行き感のあるリップメイクが完成。いつもの色をベースに、濃さや質感の違うリップを重ねるのがポイントです。

シアーな質感のツヤタイプ。
ラブソリュ ルージュ S122
¥4,400/ランコム

CHEEK

ふわっと血色チークには 大きめブラシが必需品

パッと表情を明るく元気に見せてくれるチーク。ぼかす位置の基本は、自分の骨格で頬骨の一番高い位置が基準。正面を見て笑顔をつくったときに一番高く盛り上がる部分です。そこを中心に、横長に入れたり、縦長に入れたり、斜めに入れたりと、顔立ちやなりたいイメージによって加減します。

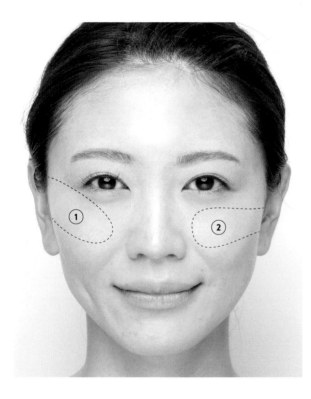

にっこり笑って頬骨の一番高い位置を基準にします。頬骨より下に入れると、顔全体が下がって老けて見える原因に。
① 丸顔さん
② 卵形・面長さん

・ **Recommend** ・

チーク成功の秘訣は大きめブラシ。チークに付属している小さなブラシよりも、チーク専用の太めブラシを用意して。

顔型別

美人度アップのチークの入れ方

丸顔さん は

斜めチークですっきりと

丸顔の人、下ぶくれやふっくら顔の人は、頬骨の一番高い位置からこめかみに向かってやや斜めを意識して入れましょう。また、あまり広範囲にぼかさず、細めに入れた方が、顔がほっそりとシャープに見えます。

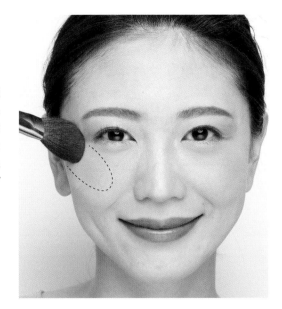

卵形・面長さん は

横長チークでふっくら

卵型、面長、逆三角形の人は、頬骨の一番高い位置から横長にふわっと丸めにぼかすのがおすすめです。ふっくらと優しげな印象になります。

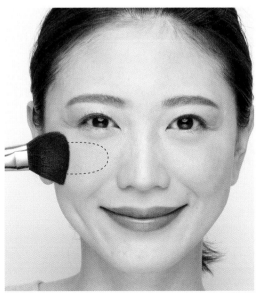

やってはいけないチークのNG集

チークの効果を実感できず、つけすぎたり、位置を間違えたり、
ノーチークになったりしていませんか?
よくある失敗チークから脱出して、一気に垢抜け、おしゃれ顔になりましょう。

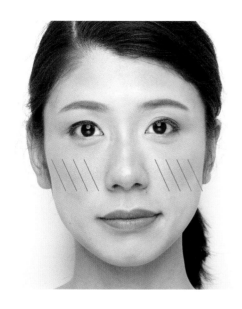

失敗例 1

パーソナルカラーに
合わない色を使っている

例えば、サマータイプの人がオレンジ系のチークを使うとどうなるでしょうか。もともと色白で赤みが出やすい肌の持ち主なので、赤みが強調されて赤ら顔に見えてしまいます。また、ファンデーションが厚塗りに見えてしまい、厚化粧感を感じさせてしまうことも。パーソナルカラーに合わせたチークを選べば、肌も顔立ちもきれいに見えます。

失敗例 2

濃すぎる

加減がわからず、ついつい濃くなってしまう人も多いですね。おてもやん風に見えたり、頑張っている人に見えてしまい、せっかくメイクをしても損をしています。チークに付属している小さなブラシでは広範囲にぼかしにくく、つけすぎてしまう原因に。良質の大きめブラシを手に入れましょう。

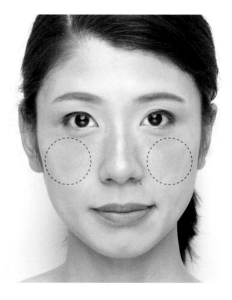

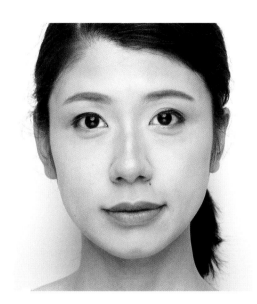

チークをつけていない

つけてもつけなくてもそんなに変わ
らないし、どうせマスクをしているし
……なんて思っていませんか？　食
事のときはもちろん、意外とマスク
を外す機会は不意に訪れます。そん
なときチークなしでは不健康に見え
たり、のっぺり平たい大きな顔に見
えてしまうことも。

失敗例 **4**

入れる場所が間違っている

こめかみから目の下あたりにかけて、
ずいぶんと高い位置に入れていま
す。これでは、パーソナルカラーに
合う色を使っていても、野暮ったく
見えてしまいます。頬骨の一番高い
位置を中心にぼかしてこそ、チーク
の効果を発揮すると覚えておきま
しょう。

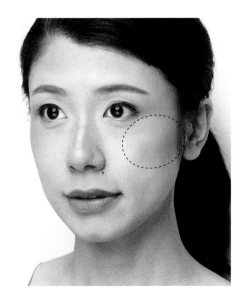

HIGH LIGHT

顔に立体感を与える
ハイライトの入れ方

仕上がりに大きな差がつくのがハイライトの存在。少し足すだけで肌に光とツヤが生まれ、透明感や美人度が圧倒的にアップします。ギラギラ光らせるよりは、繊細で上質なパール感のあるものを選びましょう。イエローベースの人はクリーム系、ブルーベースの人はピンク系のハイライトをメイクの仕上げにほんの少し。まさに魔法の隠し味です。

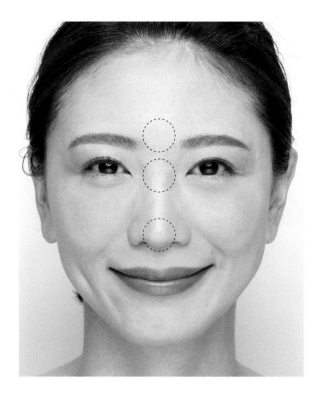

• Recommend •

ひとはけで艶めく立体感を演出。
エクセル シャイニーパウダー N
（SN02）¥1,980/常盤薬品工業

Technique

眉間の上

明るく高く見せたい額。眉間にチョンとのせるだけで立体感が生まれます。Tゾーン全体にハイライトを入れるとやりすぎ感が。

鼻の付け根

くぼんで影になりやすい部分にハイライトをのせることで、くすみを払い、肌全体を美しく見せる効果があります。

鼻先

鼻すじではなく、鼻のてっぺんの1箇所のみでOK。顔全体がイキイキとします。上唇のヤマの上にプラスすると、唇に立体感が生まれます。

目元のくすみやクマが気になるときは……

頬の上側と目尻の間にハイライトをスーッとひとはけ。くすみをパッと払って肌に明るさと透明感が生まれます。まぶたのくすみが気になるときは、さらに目尻を囲むCゾーンに入れても目元が明るくなります。

華やかな好感度メイクの完成！

8つのステップで仕上げたメイクの完成です。難しいテクニックは不要なのに、こんなにきれい！ 自分のパーソナルカラーに合ったコスメを用意して、早速チャレンジしてみてください。きっと、新しいメイクの世界がひらけます。

PART 4

Color analysis makeup

メイクのお悩み解決 Q&A

顔の形やパーツの左右バランスが違うように、
一人ひとり抱えているメイクの悩みは異なります。
ここでは、長年メイクレッスンするなかで
多く耳にした代表的な悩みにお答えします。
毎日のメイクをもっとステップアップするために
参考にしてみてください。

Q1

初めて会った人から
「怖い」「キツい」と言われることが多いです。

第一印象を感じよく見せるメイク

ってありますか？

A 眉が上がりすぎていませんか？

　第一印象に一番影響を与えるのが眉の形です。眉頭から眉尻に向かって直線的な上がり眉になっていませんか？　または、眉山がくっきり鋭角的になっていませんか？

　まず、94ページで眉の基礎ポジションをチェック。眉頭から眉山までの高低差が大きかったり、眉間が狭すぎるのもキツく見えてしまいますので注意しましょう。そして、眉の上側のアウトラインを描くときに、緩やかなカーブを意識して描きます。また、描いたあとは必ずスクリューブラシで毛流れに沿ってとかすとやわらかい雰囲気に。

Q2 アイラインが苦手です。

アイラインを入れると目がキツくなってしまいます。

A アイシャドウの前にアイラインを入れてぼかしましょう

　目元をくっきりと印象的に見せるのに欠かせないアイライナー。苦手意識が高いせいか、使っていない人が多いアイテムですが、上手に使いこなせば効果抜群！　インパクトのある大きな目になれるので、ぜひチャレンジしてください。

　まず、スプリングとオータムの人はブラウンのアイライナーを選べばきつく見えることはないでしょう。アイラインがガタついてしまったり、太さが均一に描けなかったとしても、最初にアイラインを入れ、アイシャドウの濃い色でぼかすテクニックなら大丈夫。アイシャドウがアイラインのガタつきをきれいになじませ、驚くほど自然な仕上がりになります。

Q3 マスカラとアイラインが
夕方になるとにじんでしまい、
パンダ目に……。

Ⓐ フェイスパウダーを目の際ギリギリまでつけて
メイク崩れを回避！

　目の形やまつ毛の生え方などでどうしてもにじんでしまうという人もいるようです。また、目の際は意外と皮脂が多いうえ、涙目になりやすい人もいます。そんな人は、ベースメイクの仕上げのフェイスパウダーを目の際ギリギリまで、丁寧につけるようにすることでにじみや色移り防止対策を実行して。パフにパウダーを含ませたら、パフを立てて、パフの先を目の際にフィットさせるように塗っておきましょう。

　また、パンダ目の防止は早め早めのチェックが肝心！　こまめに目元をチェックして少しでもにじみを感じたら、綿棒などで押さえておくのを習慣に。

目線を上に向け、パフの先で
目の際ギリギリまでパウダー
をつけると、アイメイクが崩
れにくくなる。

Q4 目の形が左右で違うのが悩みです。
アイメイクで自然に見せることはできますか?

A 左右差が目立たないように
アイラインで補整しましょう

　実は目の形が左右で違うという人は意外と多いもの。その場合、アイライン
を同じ太さに入れるのではなく、小さい方の目を太め、大きい方の目を細めに入
れて、目を開いたときに同じ大きさになるように調整します。

　下の写真のモデルさんは、目の大きさと二重の幅が違うのでアイラインで補正。
通常、優しい目を描くときは目の中央が一番太くなるのですが、向かって左目は
やや目頭寄りを太くし、右目は全体に太め&長めに描きます。描いた後は、目を開
けてラインの見え方のバランスをチェックし、さらに調整するといいですね。

　私のメイク法は、アイラインを引いた後にアイシャドウの一番濃い色を重ね
ますので、左右のラインの太さの違いを人から気づかれることなく調整できま
す。

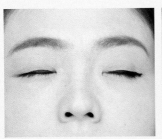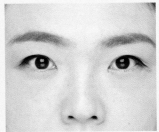

目を開けたときに左右差がないようにアイラインを引くのがコツ。後からアイシャ
ドウでぼかすため、多少のガタつきは気にしなくてOK。

Q5 女性らしくて目元が華やぐ
ピンクシャドウが好きなのですが、

目元が腫れぼったく見えてしまいます。

A パーソナルカラーに合ったピンクなら
腫れぼったくなりません

　自分のパーソナルカラーではないピンクを選んでいませんか？　ピンクはみんなに似合う色なのですが、パーソナルカラーのタイプによって似合うピンクのニュアンスが変わります。スプリングの人に似合うのは、ややオレンジみのあるコーラル系ピンク、サマーの人は青みのあるローズ系ピンク、オータムの人はベージュ系ピンク、ウインターの人は光沢感があるアイシーピンクです。友達が使っていて可愛く見えても自分の肌に合うとは限らないのが、ピンクシャドウの落とし穴。

　また、必ずグラデーションを効かせるように重ね塗りをすることもピンクシャドウを上手に使うコツです。まぶたにピンクを使う場合は、自分に似合うダークカラーで目の際を引き締めることを忘れずに。

NG

オータムの人がサマーのピンクシャドウをつけると目が腫れぼったい印象に。パーソナルカラーに合ったピンクを選ぶことが大切です。

Q6 トレンドのラメアイメイク。
子どもっぽくならずに使うコツを
教えてください。

A 2カ所のみにチョンチョンとのせれば、
やりすぎ感なし

　ゴールドやシルバーのラメを配合したアイカラーが流行しています。最近のラメは粒子が細かく、さりげない輝きが美しいので、大人の女性にもどんどん使ってほしいですね。スプリングとオータムの人はゴールドやシャンパンゴールドのラメを、サマーとウインターの人はシルバーやアイシーピンクのラメを選ぶと、肌になじみやすく上品に仕上がります。

　大人が上手に使いこなすには、ラメは2か所のみでOK。アイホールの中央と目頭。ちょうど黒目の上あたりと、下まぶたの目頭の粘膜ギリギリに入れます。まぶた全体にたっぷりつけるとギャルっぽくなってしまうので要注意！特に肌がつるつるとしっかりしているオータムとウインターの人は、トレンドのラメアイメイクを上手に使いこなせるので、ぜひチャレンジして。

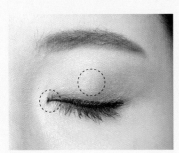

ラメはアイホールの中央と目頭のみでOK。さりげなく目元に上品な輝きを与えてくれます。

Q7 マスクを長時間つけていると、
メイクの崩れや色移りが
気になります。

Ａ フェイスパウダーをのせて、
汗や皮脂を抑えましょう

　大いに活用したいのがフェイスパウダーです。パウダーを含ませたパフで顔全体がサラサラするまで押さえるようにします。汗をかきやすい人や皮脂が出やすい人はパウダーの量を多めにするといいですね。また、マスクの縁の当たる部分は、丁寧に押さえるようにしましょう。さらに、フィックスタイプのスプレー化粧水も効果的。顔全体にスプレー後、完全に乾いてからマスクをします。

Q8 メイクをすると
古くさい印象になってしまいます。
メイクのアップデートはどうしたらいいですか？

Ａ 最もトレンドが反映される
眉メイクを観察しましょう

　第一に言えるのは、パーソナルカラーに合ったコスメを使っていないのではないかということ。パーソナルカラーに合わないメイクは、野暮ったく古くさい印象になってしまうのです。

　そのうえでチェックしたいのが、眉メイク。メイクのトレンドを如実に反映するのが、眉の形や描き方なのです。最近は、太め短めのゆるふわ眉からやや細めの眉へと変化してきています。化粧品のCFモデルや女優の眉を定期的にチェックして、ヒントにするようにすると古くさいメイクを回避できますよ。

Q9 化粧崩れを防ぎ、夕方まできれいを保つ方法はありますか？

A 肌の乾燥は化粧崩れの原因に。ベースメイクの前にたっぷりの保湿ケアを

テカリやよれなどベースメイクの崩れを防ぐのは、リキッドファンデーションをフェイスパウダーで仕上げるテクニック。さらに、メイク前のスキンケアの段階から、しっかり肌を整えておくとより崩れにくくなります。

肌が乾燥していると、余分な皮脂が出てきてしまい、化粧崩れの原因になってしまうのです。ポイントは、たっぷりの保湿。ベースメイクの前に肌にうるおいを与えることで、大人肌特有の乾燥崩れを防ぐとともに、皮脂バランスを整えて皮脂崩れも予防できます。化粧水をたっぷり含ませたコットンで軽くパッティングするようになじませた後、乳液を顔全体に丁寧になじませます。化粧水と乳液が肌に浸透したのを感じてから、化粧下地をつけるといいですね。

Q10 顔が大きく見えるのが悩みです……。メイクで小顔に見せることはできますか？

A ファンデーションを顔全体に塗らないようにしましょう

首よりも明るい色のファンデーションをエラのラインまでしっかり塗ってしまうと、顔が大きく見えてしまいます。シェーディングで小顔に見せる方法もありますが、朝の忙しい時間にシェーディングまでつけるのは大変です。エラの部分にファンデーションを塗らないことで、その部分が自然と暗く見えて小顔に見えます。また横から見たときに首の色との境がなくなり、自然な仕上がりになります。

Q11 左右の眉の高さが違います。左右対称に仕上げるにはどうしたらいいですか?

Ⓐ 眉山、眉頭、眉尻の3ポイントを確認して、ラインをつなぎましょう

　完全に左右対称の顔の持ち主なんてほとんどいません。それほど気にする必要はないと思うのですが、ここでは自然にカバーする方法をご紹介します。左右の違いをじっくり見て、どちらかに合わせるというよりも、中間地点を探って調整するのがあまりいじらなくていいのでおすすめです。

　まず、94ページで基本の眉の位置をチェックしましょう。下の写真のモデルさんは、向かって左の眉山が高く、全体的に太いのがわかります。まず、眉の上側のラインを整えます。左右の眉山、眉頭、眉尻がなるべく同じ高さと位置になるようにし、ラインをつなげます。そのラインに合わせて下側のラインを描きます。上下のラインからはみ出た毛をカットして、内側に1本1本の毛を描くようにすればOK。顔全体が映る鏡で左右バランスをときどきチェックしながら描くのがポイントです。

BEFORE

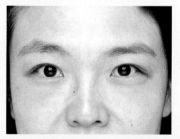

ガタつきがあり、全体的に太いのがお悩み。左の眉山が高く、左右差も気になります。眉頭から眉尻に向かって徐々に細くなるとバランスがよくなります。

AFTER

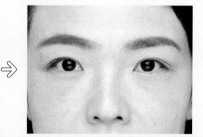

左右の眉の高さと太さが整った美眉の完成。顔全体の印象まですっきりと見えますね。完全に左右対称にならなくても気にしないで。

肌がきれいに見える！
マスクもパーソナルカラーで選ぼう

マスク生活がすっかり日常になった今、マスクの種類やデザインも多様になりました。顔の大部分を占めるので、せっかくなら第一印象が素敵に見えるマスクを選びたいですね。おすすめは、パーソナルカラーに合ったカラーマスク。リップやチークと同じように、その日の気分でマスク選びを楽しみましょう。

カラーマスクのメリット

自分らしさや個性が出せる

顔の半分を覆うマスクは全体の印象に大きく影響します。白いマスクだと個性を出しにくいですが、似合う色のマスクをすると「自分らしさ」や「個性」を感じさせることができます。初対面でもマスクの色から話が弾むかもしれませんね。

肌がきれいに見える

肌に調和する色のマスクをするとメイクが映え、顔がはっきりときれいに見えます。目の下のクマや色ムラをカバーして肌に透明感が生まれるとともに、白目と黒目がくっきりと見えて、目ヂカラが出ます。

統一感が生まれ、おしゃれ上級生に

パーソナルカラーで選んだファッションやヘアとも合うので、トータルで雰囲気が整い、なりたい印象により近づけます。アイメイクとのカラーコーディネートも楽しめます。おしゃれに積極的な素敵な人だなと思わせてくれるでしょう。

Spring
スプリング

（奥から）
コーラルピンク、クリアブルー、
クリームイエロー、アップルグリーン、
ペールターコイズ、ピーチピンク

Summer
サマー

（奥から）
ブルーグレー、さくらピンク、
スカイブルー、ラベンダー、
ローズベージュ

Autumn
オータム

（奥から）
マリーゴールド、ピンクベージュ、
ディープターコイズ、カーキ、
ミルクティー

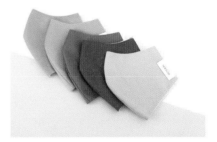

Winter
ウインター

（奥から）
さくらピンク、ダークネイビー、
アイシーラベンダー、ペールイエロー、
パウダーブルー

Epilogue おわりに

この本を選んでくださって本当にありがとうございます。

私はパーソナルカラーメイク講師として、いつもたくさんの方にお会いしています。
お越しいただいた方がきれいになり、笑顔になってくださるのが嬉しくて、この仕事を
長くやらせていただいています。

みなさんは鏡を見ると気になるところに先に目がいってしまうかと思いますが、私は
いつもいいところに目がいきます。
この方は目がチャーミングだからアイラインを入れたらもっと目が活かせる！
お肌がつるつるできれいだから、チークを入れて血色をよくしたらもっと素敵になる！
笑顔がかわいいので、眉毛をアーチにしたらもっとイメージにぴったり！　など。

自分のいいところをさらに引き出してくれるのがメイクの力です。
メイクってお金もかかるし、面倒と思っていたかもしれませんが、自分のパーソナルカ
ラーを知れば、高い化粧品やたくさんのコスメを買わなくても、きれいは作れるとわ
かっていただけたはず。

実は私も、サロンには仕事柄たくさんのコスメを揃えていますが、自宅にはアイシャド
ウは２つ、チークは１つ、リップは２本だけしか持っていません。
そのコスメがスプリングの私にとって「自分史上最高に美人になる」ための武器で、少
数精鋭なのです。

今回メイクはフルメイクをご紹介しましたが、アイラインが上手く入れられなくても
大丈夫。私のスキルは上からアイシャドウをのせてぼかすので失敗しても目立ちませ
んし、ファンデーションも私のやり方ですとシェイディングをしなくても小顔が作れ
ます。

今回お教えした手順を全部やるのは大変だと思う方は、まずは眉毛を少し整えてみるなど、できるところから始めてみてはいかがでしょうか？
少しずつ自分自身が変わっていくと、メイクも楽しくなりますから。

自分と向かい合う時間は、実はすごく大切なのです。瞳がキラキラしているなど、自分のチャームポイントに気がつくかもしれません。大事なのは「自分らしさ」です。

パーソナルカラー診断がちょっと難しかったという方は、18ページからの4つのグループの説明を読み込んでみてください。
そこにある肌や瞳の特徴をチェックし、気になる肌悩みに該当する項目が多いグループが自分自身のパーソナルカラーです。ご家族やご友人と一緒にチェックすると、自然と答えが出てくると思います。

もうすぐマスクも外せる時期もやってくるでしょう。そのときに明るい印象が作れるように今から準備しましょう！　似合う色はあなたに彩りを添えてくれますから。

みなさまと本でつながれたことに感謝し、みなさまが似合う色で「自分史上最高に美人」になれるよう、心からのエールをお送りいたします！

パーソナルカラーアナリスト＆
メイクアップアーティスト

矢吹　朋子

SHOP LIST

▶RMK Division ☎0120・988・271

▶井田ラボラトリーズ ☎0120・44・1184

▶イプサお客さま窓口 ☎0120・523543

▶イミュ ☎0120・371・367

▶ウズ バイ フローフシ ☎0120・963・277

▶MIMC ☎03・6455・5165

▶エレガンス コスメティックス ☎0120・766・995

▶花王 ☎0120・165・692

▶カネボウ化粧品 ☎0120・518・520

▶コーセー ☎0120・526・311

▶資生堂 ☎0120・81・4710

▶セザンヌ化粧品 ☎0120・55・8515

▶セルヴォーク ☎03・3261・2892

▶ディーアップ ☎03・3479・8031

▶常盤薬品工業　お客さま相談室（サナ） ☎0120・081・937

▶ホーユーお客さま相談室 ☎0120・416・229

▶ポール ＆ ジョー ボーテ ☎0120・766・996

▶ランコムお客さま相談室 ☎0120・483・666

▶リンメル ☎0120・878・653

▶レブロン ☎0120・803・117

▶ワトゥサ・インターナショナル ☎03・5485・1665

矢吹 朋子（やぶき ともこ）

パーソナルカラーアナリスト＆メイクアップアーティスト。
ブラッシュアップStyle主宰。商社勤務後にブライダル業界を経て、パーソナルカラーとメイクのディプロマを取得し、イメージアップコーディネーターとして独立。東京・表参道で20年以上、9000名以上にカラー診断とフルメイクを行う。数多くの女性たちの色の使い方やメイクの悩みに対応するなかで、独自のカラー診断とメイク理論を確立。女性誌やWEBページでのカラー＆メイクの監修を担当し、わかりやすいと多くの女性からの支持を得ている。「パーソナルカラーを広げ、後進を育てたい」との思いからスクールの開催や、アパレル企業での研修、数多くの企業でのイベントセミナーの開催など、幅広く活躍中。著書に『美人だけが知っている似合う服の原則』（主婦の友社）がある。
https://www.yabuki-tomoko.com/
https://www.instagram.com/yabuki.tomoko/

自分史上最高に美人になるメイク術
パーソナルカラーで本当に似合う色がわかる

2021年8月3日　第1版第1刷発行

著　者　矢吹朋子
発行者　岡　修平
発行所　株式会社PHPエディターズ・グループ
　　　　〒135-0061　江東区豊洲5-6-52
　　　　☎03-6204-2931
　　　　http://www.peg.co.jp/
発売元　株式会社PHP研究所
　　　　東京本部　〒135-8137　江東区豊洲5-6-52
　　　　普 及 部　☎03-3520-9630
　　　　京都本部　〒601-8411　京都市南区西九条北ノ内町11
　　　　PHP INTERFACE　https://www.php.co.jp/
印刷・製本所　凸版印刷株式会社

STAFF

デザイン／マルサンカク
イラスト／別府麻衣
撮影／古谷利幸
ヘア／武井歩美
モデル
江原杏樹、川野由架子
細田彩花、森麻里菜
編集協力／石山照実、近内明子
編集／松本あおい